大漢和辞典と我が九十年

鎌田 正

大修館書店

鑑於止水

庚辰春　東陵

福島県外在住功労者知事表彰を受けて（平成元.11.29 於自宅）

諸橋轍次博士と諸橋轍次記念館（新潟県南蒲原郡下田村）

附属中教え子主催の諸橋博士文化勲章受章祝賀会．前列左より山際正道（元日銀総裁）・諸井貫一（秩父セメント社長）・荘清彦（三菱商事社長）・諸橋博士・鈴木信太郎（東大名誉教授）・宗宮尚行（東大名誉教授）・湯本武雄（日銀顧問）．後列左より山根銀一（日本工業倶楽部主事）・稲田清助（元文部次官）・柳井恒夫（弁護士）・正田英三郎（日清製粉社長）・樋口一成（慈恵医大学長）・宮本璋（元東大教授）・大友恒夫（秩父セメント専務）・本人．（昭和40.12.20）

『大漢和辞典 修訂版』完成記念記者発表会にて．米山寅太郎氏と．
(昭和61.3.13)

右：『補巻』発表会にて．共編者米山寅太郎氏(中央)と大修館書店社長鈴木荘夫氏(右)と．
(平成11.12.22)
下：『語彙索引』『補巻』を加えた『大漢和辭典』全15巻．

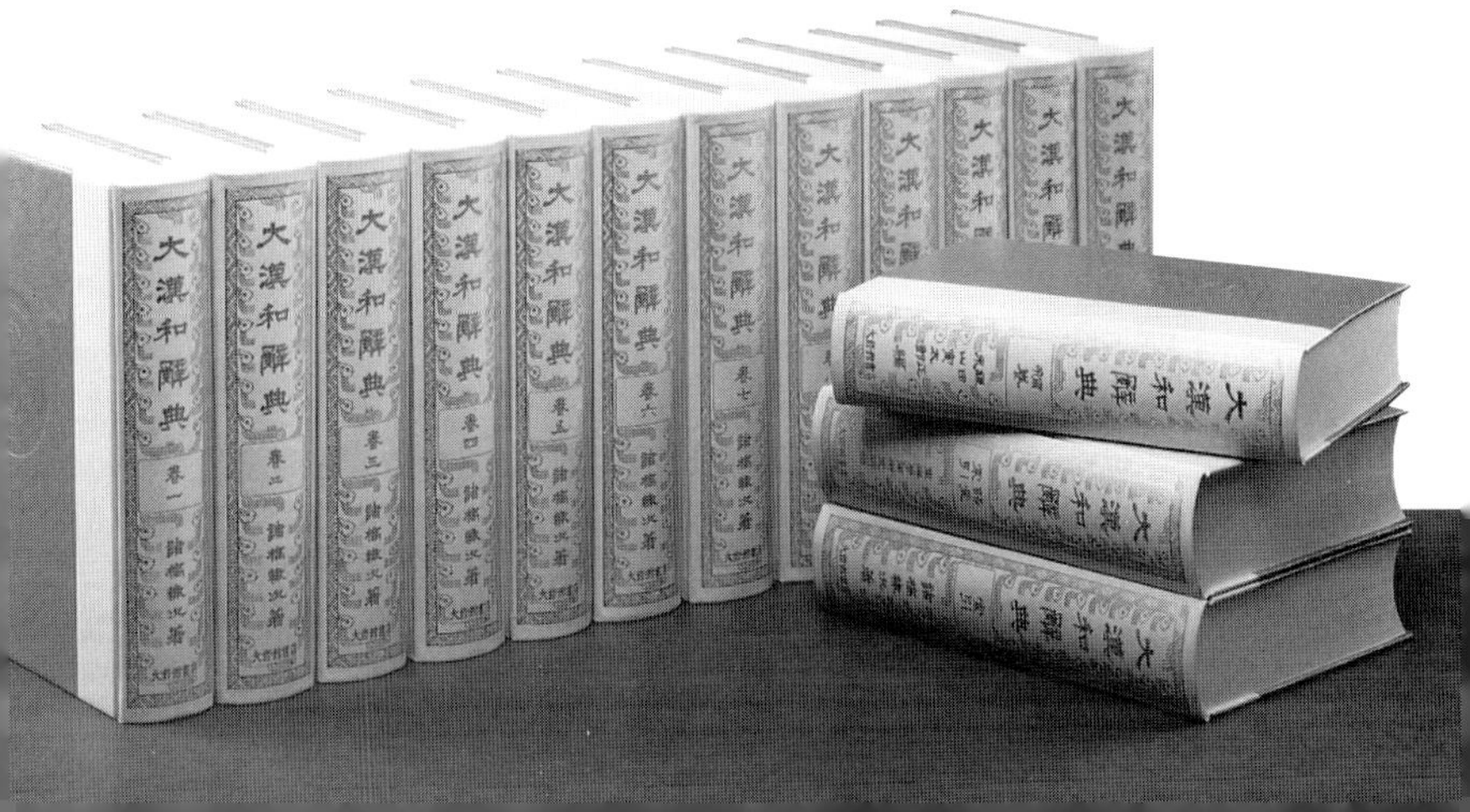

斯文会尚歯会にて．斯文会会長徳川宗敬氏(左)，同理事長宇野精一氏(中央)と．(昭和60.4.18)

東京成徳大学中・高本館新築地鎮祭にて．木内四郎兵衛東京成徳学園理事長と．(平成8.7.10)

序

私は今年正月七日に満九十歳を迎えた。明治末に生を受け平成の今日まで四世にわたる激動の時代に、よくぞ生き長らえたものと驚きにたえない。

この九十年を回顧すると、教職にあること六十年、諸橋轍次博士の『大漢和辞典』の四期に亘る事業に従事すること六十年余に及んだ。

私をしてかかる人生を歩ましめたものには、二つの導因があるように思われてならない。

その第一は、至誠尚武、質実剛健を旨として、伝統に輝く郷土福島県の相馬中学校長の識見と洞察である。私は、中学卒業後に仙台の第二高等学校の入試に不覚をとり、母校の名声を傷つけた汚名を返上すべく一念憤起し、より難関の第一高等学校を目指して実力の養成に努めた。その力試しに受験した東京高等師範学校に合格するや、時の中学校長は高師への進学を極力推奨し、一高への受験には賛同されなかった。やむなく東京高師に入学したのが、教職にあること六十年、三楽の一つを楽しましめる導因となるものであった。

第二は、漢学者諸橋轍次博士の深い学徳と師情あふれる温情によるものである。人間万事塞翁が馬、不本意ながらも入学した東京高師において諸橋博士の『春秋左氏伝』の名講義に接した。博士の深い学殖と恬淡たる人柄に感銘して漢文学専攻の志を立てたのである。級友米山寅太郎君と東京文理科大学漢文学科に進み、博士の薫陶のもとに春秋学の研究に専念した。

諸橋博士の膝下にあって助手を勤めること一か年にして、名門東京高師附属中学校の教師となった。その育英に心血を注ぐこと六か年にして、臨時召集を受け、筆を投じて北支の野に戦う身となった。

戦争は惨酷極まるもので、幾たびか死線を越えたが、終に武運拙なく重傷を負った。出血多量で生存の見込みなしとの宣告を受けたが、幸いにも輸血により九死に一生を得ることができた。ただ戦傷が戦傷死と公報されて家族や教え子たちを悲痛動顛せしめ、あまつさえ恩師をして私の霊前に慟哭せしめるという一大事までも惹き起こすに至った。

天、未だ私を喪ぼさず、生存加療の判明するや、師情あふれる恩師の書簡を賜ること再度に及び、一字千金、涙ながらに幾たびも拝読した。「人生意気に感ず、功名誰か復た論ぜん」、生きて還らば、不惜身命、恩師の大業に全力を捧げんと天地神明に誓ったものである。これが私をして四期に亘る『大漢和辞典』の事業に従事すること六十年ならしめた最大の導因であった。

この六十年間を回顧すれば、実に波瀾万丈、難行苦行の絶えざるものであったが、恩師が朝日文化賞を受賞し、さらには文化勲章を受章された折の私共の誇りと喜びは尋常ではなかった。かくて兎も角も恩師の企画された四期に亘る事業を果たし得たのは、本事業の当初より一心同体で苦労を共にしてきた心友米山君のご尽力と門弟たちの献身的協力の賜で、佳き友、佳き門弟に恵まれた私は幸せそのものというべきである。

ところで本書は、思い出のままに繁簡交錯し、意をつくせないところも少なくないが、若しも江湖諸賢のご高覧を賜り、二十一世紀を担う若人の人生観に裨補するものがありとせば、それこそ望外の幸せである。

なお、本書の刊行に際し、大修館書店の玉木輝一常務と黒崎昌行君のご労苦を煩わしたことに対し、深甚の謝意を表する。

平成十三年早春

著者　鎌田　正

目次

序　i

前編

少壮時代の思い出

第一章　生家　渡部家の家系

私の生家は渡部家であり、東京文理科大学に進学した昭和九年（一九三四）五月、鎌田家の養嗣子となった以降、鎌田と改姓して今日に及んでいる。

一、篤農家の先祖

私は明治四十四年（一九一一）一月七日、福島県相馬郡（現相馬市）飯豊村大字馬場野字岩崎二十六番地に、農業を営む父渡部孫治郎、母ソヨの第六男として生まれた。父孫治郎は渡部家の三代目であった。初代の先祖は休右衛門と称し、天保六年（一八三五）ころに育て親の斎藤孫兵衛と一緒に加賀藩の越中礪波《となみ》郡（現富山県砺波市）から相馬藩の石上村に移民してきた。

後に馬場野に分家して農業を営み、先妻に実子がなかったので、孫兵衛の孫に当たる孫八と、同藩南飯渕村中野倉吉の長女ツルとを迎えて養子縁組させ、その長男として生まれた孫治郎が私の父である。

渡部家の先祖休右衛門は、斎藤家に伝わる古い系譜によると、さる高貴な藩主が商家「みがしま屋」の娘に生ませた落とし子で、孫兵衛の家に育て子として養われたが、孫兵衛は実子同様に可愛いがっていたので、相馬藩に移民の時に手離すに忍びず、相馬藩に連れて移ったといわれる。

休右衛門は実直な篤農家でよく働き、渡部家の基礎を築いたといわれる。真夜中に部屋をあけて空気を入れかえるのを習慣としていたといわれるが、こんな話が伝わっている。真夜中の二時ころ、白装束・乱れ髪・両手に蠟燭《ろうそく》を立てた女性が、すぐ後ろの神社の参道の石段を登っていく姿をしばしば見たことがあったそうである。これは祈り釘と称して怨恨ある者を祈り殺すというものであった。その証拠に、戦時中この神社の神木であった老杉までも供出されたが、製材所で五寸程の鉄釘数本が鋸《のこぎり》の歯を欠いたそうである。女の怨念とは本当に恐ろしいものであった。

また、休右衛門は真宗の信仰も篤い方であった。幼名を巳八《みはち》と言い、後に休右衛門と改名し、更に晩年は発教《ほっきょう》と称したという。というのは、休右衛門などより早く加賀から相馬に移民した荒川六郎兵衛（休右衛門の妻トミの祖父）は、相馬藩の家中伏見儀助と相計り、越中礪波郡二日町村（現富山県砺波市福野町）の一向宗の大谷派普願寺を訪れ、寺の三男の林能という若僧を相馬に迎え、馬場野村東福庵（正西寺の前身で正西寺第一世闡教《せんきょう》が開山）の養子と為し、修行の後に発教と改名したという。正西寺の第二世である。この発教が幾度も加賀を往復して相馬藩への移民を誘導し、相馬移民の大貢献者となったといわれるが、自分より年下で、日頃篤農家で信仰心の篤かった休右衛門を信頼し、自分の死後は発教の名を休右衛門に与えるように考えていたことから、発教の没後、休右衛門はその名を頂戴して改名したと伝えられる。

とにかく当時の移民たちは強い信仰心に支えられて篤農家となり、あるいは他の職業を開拓したといわれる。

二、信心家の祖父

初代の休右衛門は明治十七年（一八八四）九月十二日、六十五歳で没した。二代孫八は、斎藤家二代目孫兵衛の長男であったが、当時としては読み書きの達者な知識人で、本来ならば斎藤家を継ぐ立場にあった。しかし馬場野に分家した休右衛門はその人物を見込んで強引に孫兵衛を説得して養子に迎えたといわれる。休右衛門の眼鏡に叶って、孫八は篤農家で村の青年会長や伍長（隣組の世話人）をしたり、よく他人の面倒を見たが、特に一向宗（浄土真宗）を信ずる善人であった。小さい虫でも生命のある者は殺すことは絶対にしなかった。ある時、田圃《たんぼ》の小堀にあえいでいた大きな鯉を見つけたが、捕らえて食べずに、排水まで持っていって逃がしてやったともいわれる。

私どもの最も弱ったことは、魚釣りを絶対禁止されたことであった。隠れて釣りをするのが見つかると、その釣り竿を折って捨てられるのには閉口したものである。たとえ隠れて釣りをしても、釣り上げた魚は逃がしてやらなければならなかった。

私はこの祖父に叱られて家を追い出されそうになったことがある。隠居暮らしの祖父は屋敷内の狭い畑に茄子《なす》や胡瓜《きゅうり》を栽培しておったが、信仰心の篤い祖父は、その初成りは必ず仏壇にお供えする為に大切に目印までつけて大きくなるのを楽しみにしていた。ところが悪戯盛りの私は、あと一日か二日でお供えできる初成りの胡瓜をもぎ取って味噌をつけて食べてしまった。新鮮な胡瓜の味わいは格別であったが、それが発覚してさあ大変、烈火の如く怒った祖父は、私を家には置かぬと言って叱りつけたものであった。

今にして思えば、祖父の信仰心を傷つけたもので、それ程までの悪戯はしなくてもよかったものをと思われてならない。

この祖父には面白い性癖があった。酒豪ではないが、酒好きで、夕方には隣の老人と二人で町の居酒屋に出かけて、「もっきり」と称し、一杯のコップ酒を飲んで帰るのが何よりの楽しみであった。

ある時祖父は石上の実家のご祝儀に招待されて、常にも似合わず朝方帰宅したことがあったが、それを心配して私が迎えに出たところ、何と小川に入って、よい加減の風呂だと言って水に浸かっているではないか。無理に引き上げて聞いてみると、ご祝儀のご馳走を肩にかついで帰って来たところ、先方から美女がやって来て、「お風呂にどうぞ」と言われたので入ったままでのことであったという。もちろんご馳走は全部取られて風呂敷ばかり残っていた。

世にいう狐に馬鹿されたのである。当時私の家の後ろの麓《ふもと》山《やま》神社（一名羽山神社）は境内がかなり広く、穴居時代の生活を物語る岩穴も数か所あり、そこに狐や狸が住んでおったといわれる。私の父が赤ん坊の時には、必ず朝食前には狐の食事を屋敷の後ろに供えたもので、もしそれを忘れて農仕事に出かけると、エジコ（えいじこ。嬰児籠のことで藁《わら》で造った丸型の保《ほ》姆《ぼ》具《ぐ》）に一人残されている父の顔を爪で掻いたりしたという。祖父はどうしたものか、狐に馬鹿されるということを信じておって、隣村などに招待されて帰る夜道には、きまってその災いに会い、お土産のご馳走は全部取り上げられたものであった。

しかし信仰心の篤かった祖父の最後は語るも荘厳なものであった。いよいよ臨終の時、阿弥陀様の来迎を眼に見て、「アレ、向こうが明るく輝いている。阿弥陀様がお見えになる。たくさんのお弟子さんもお供をしている」と言って、昭和十年十二月十九日、八十六歳で極楽往生をとげた。

三、豪毅不屈の父

父孫治郎は明治七年（一八七四）十月十一日、孫八の長男として生まれた。これも当時としては珍しいことであったといわれるが、小学校尋常科から高等科までを卒業している。高等科に通う生徒は数名で、実は家内の母も女性一人、その中に加わっていたという。読書家であり、書道にもすぐれ、算盤（珠算）が達者で、民謡の大家でもあり、横笛の吹き手でもあった。

父　孫治郎

二十九歳の若さで村の耕地整理委員長という大役を果たし、消防組頭十九年、村会議員二十七年、その他学務委員、水利組合長等、地方自治の功労者であり、同時に郷土文化の継承者でもあった。その多忙な反面、家業の農仕事にも人一倍働いた。村長改選の都度、村長に推薦されることも多かったが、当時村長になった者は、誰でも祖先伝来の田地田畑を売り払って破産していたので、父は村長だけは固辞して受けなかったという。

朝は四時起きで、得意な民謡を口ずさみながら町の肥料上げ（便所掃除。当時、農家ではこれを田地に施す最適の肥料としていた）をやり、終わって朝食前には、村の老人たちが田地の相談や手紙の代筆願いに殆ど毎朝のように詰めかけておったものである。午前の農仕事を終えた昼休みには、小説類の読書か、あるいは新聞紙に習字の練習をしていた。

民謡は天性の大家であり、殊に祝儀の宴席などには即席で歌詞を作って歌うのが得意であった。民謡といえば、相馬藩の家老職にあったという堀内秀之進が相馬民謡の育ての親であったが、父はこの堀内と相並んで民謡の普及につとめ、後年相馬民謡の大家としてテレビでも活躍した鈴木正夫の師匠でもあった。

父は村中きっての知識人であり、読書家であった。中里介山の『大菩薩峠』、吉川英治の『宮本武蔵』などは、特に愛読し、刊行ごとに私が送り届けたものであった。

祖父と同様、一向宗の信心が篤かったが、その生涯は決して幸福ではなかった。私たち九男兄弟の父親であったが、後に述べるように、病身早世の者が多く、また父の弟夫婦も早世したので、その二人の遺児を養育した。

さらに後継者の長男には早世され、続いて次男、四男、五男、七男を失い、終生の伴侶たる妻（私たちの母）にも先だたれ、渡部家の後継者として力頼みしていた孫の潔が硫黄島で戦死して、生涯に十二回も葬儀を営んでいる。

あれほどの不幸にあっても、すべて天命のいたすところであると諦観し、挫折することなく、祖先伝来の田地田畑（約三ヘクタール）を守り、他人に対しては絶対弱音を吐くことはなかった。父は確かに豪毅不屈、強固な精神力の持ち主であった。

昭和三十四年（一九五九）七月六日、八十六歳で没した。

四、慈愛深き母

母ソヨは、隣村程田の資産家森宗左衛門の長女で、明治十一年（一八七八）六月十三日生まれ、十六歳の若さで父に懇望されて嫁いだといわれる。

器量よしの美人であったといわれたが、渡部家に嫁いだことは母の幸福ではなかったかも知れない。父に巳之八という弟があったが、父よりも背が大きい力持ちの偉丈夫で、兄嫁泣かせの小舅であったと言われる。父の末弟で甘やかして育てられたためであろうか、私の母親に何か気に食わないことがあると、得意の柔道で投げ飛ばすことが幾回あったかわからないといわれる。

朝は家族の食事前にお汁の実を全部平らげて母を困らせるという腕白者であった。天性の能書家で盛岡地方で警官をしたが、大酒豪が欠点で借金はする、署長と喧嘩はするで、幾度停職になったか分からない。隠居していた祖父が、年末にその借金の支払いや陳謝で容易でなかったという。不幸にも家内が病死し、本人も早世している。そこでその遺児の兄賢と妹トミの二人は私共の家で育ち、私共と兄弟同様であったが、それだけ母の苦労も容易でなかった。

母は森家の隠居の祖母の手で愛育されたためであろう、百姓仕事にはあまり適しなかったと思うが、生来慈愛が深かった。他人の不幸をわが事のように悲しんだし、物もらいなどに対しても、父に隠れて施しものをしたことを記憶している。母と同村で遊び仲間の友人が放蕩の揚句、物もらいに落ちぶれていたが、これに対する母の同情や施しは尋常ではなかった。怠け者に施しても役に立たないと言って父が叱るので、本人もそれを心得て、父が在宅の時は寄りつかず、父の留守を見計って母の恩恵を受けたものであった。

当時の農村は貧富の差が甚だしく、生活に落伍した者は物もらいとなる者が多かった。今日のホームレスとは違って、それぞれに孤立して各戸をめぐり歩いたものである。こうした物もらいに対し、母は何時も米や食事を恵んでやることが多かった。

この慈愛深い母に対しても運命は無情であった。九人の男の子を産んだが、その当時は、お産するにも自分で湯を沸かして準備し、産後は三日目から米つきをさせられたと聞いている。男ばかりの子を産んだので、祖母はそれを好まなかったようである。私が六男として生まれた時も、祖母は「また男の子か」と言って喜ばなかったという。

母にとっての最大の不幸は、長男・次男・四男・五男・七男の病気早世であった。折角苦労して育て上げて一人前にしても、あるいは学業中の若さで罹病早世した。その病気療養も当時は自宅であったから、専ら母がその看護に夜も日もあけないという有様で、今にして思えば、当時の母親の心痛はただならぬものがあったと思う。

母　ソヨ

私自身についていえば、病気の伝染を警戒した母は、私に対してにんにくを食べることを勧めてくれた。そうした母に育てられた私は健康そのものであるが、今にして母の愛情について忘れがたい思い出がある。

それは、昭和十三年十二月二十九日に母は六十二歳で胃癌で亡くなったが、その亡くなる一か月程前、母を見舞いに病床を訪れた時のことであった。

印度林檎が食べたい、甘塩の新巻を食べたいというので、東京の百貨店で求めて見舞ったが、口に入れただけで飲み込むことのできない重態であった。母はその重態でありながら私に語ったことは、「お前は一番の親孝行をしてくれた。お前を産む時は、母は女の大厄の三十三歳で、八幡《やわた》の伯母様（母の弟が養子となった大谷家の祖母で、母をよく面倒見てくれたといわれる）が、三十三の大厄は、本人も生まれる子も生命の危険がある。よくよく大事にせよ。無事に生まれたら、その子はきっと何千人にもすぐれたる大物になるだろうと言われた」ということであった。これが母の私に対して贈られた最後の言葉であった。

五、秀才早世の兄弟

私の長兄保《たもつ》は天分にも恵まれ、学業も最優秀であったが、中学三年で退学して家業を継ぐことになった。しかし家業の継承を好まず、盛岡で警官をしていた叔父を頼って国鉄に就職して車掌となった。元来、自然美を愛好した兄はよく岩手富士と言われた岩手山の秀麗を愛して度々登山し、高山植物などを採取して押し葉にして額に入れて飾ったりしていた。下宿の叔母が結核を患っていたのが感染したものであろうか、肋膜炎に罹って駅員を辞職して帰郷した。治療の結果快癒、結婚をして三人の男の子があったが、病気は再発しがちで、思うように家業には励めなかった。生来芸術肌で、尺八を好み、自ら竹材を集めては尺八を自製して吹奏するのを楽しみ、また幾種類もの大輪の菊を作って村中の人々に鑑賞してもらった。水彩画を好み、写生帳を携えて近隣に出かけ山水画を画いたものであった。あの当時、自転車はまだ田舎では高嶺の花であったが、兄は漸く工面してその新車を求めてスケッチに出かけたりした。兄の留守を見計らって私共兄弟も自転車の稽古をやったが、幾度川に車ごと転落したか分からなかった。

弟思いで、病床にあっても私の読書の声に耳を傾け、そこは読み誤りなどと指摘してくれたものである。

大正十四年（一九二五）三月、私が中学校を受験したが、その合否が気にかかったものか、発表の日には自転車を飛ばして出かけ、帰宅するなり、首席で合格したと喜んでくれた。恨むべし、その年の六月二十九日、三十二歳で他界した。

兄保には三人の男の子があった。長男は誕生まもなくして夭死したが、次男潔は父の最も期待した渡部家の後継者であり、本人もその期待と責任を自覚し、農業に励んだが、現役として横須賀の海兵隊に徴集された。

悲しむべし、昭和二十年三月十七日、硫黄島で玉砕してしまったのである。

戦死の正式の通知があったのは、私がその年の七月初めに召集解除になって帰国したころであった。渡部家は憂愁のどん底に陥っていた。しかし、私自身、戦傷が戦傷死と誤報されたのであったから、潔の玉砕もあるいは誤報かも知れないと万が一の期待をかけ、久里浜の引揚船連絡事務所に出かけ、最近硫黄島方面から引揚げた兵士数百名の名簿を写し、その方々に甥渡部潔が硫黄島で玉砕したという真偽を確かめる書面を送った。ところが、喜ぶべし、「渡部君は生存している。恐らく次かその次の連絡船で帰還するであろう」という返信が数通届いたではないか。万歳と叫んだ私は、早速憂いに沈んだ渡部家に吉報を伝えた。この吉報に喜んだ父は、親戚を集めて一同で歓喜の声をあげ、帰還の日を待つことになった。しかし喜びも束の間、待ちに待った甥は、次の連絡船にも、またその次の連絡船にも姿を見せなかった。迎えに行った私は期待外れに消沈し、待ちわびる渡部家にいかに報告すべきか迷った。何という悲哀極まることであろうか。玉砕の公報は真実であり、生存しているという返信は人違いであったのである。

天はわが甥潔を帰らざる人としてしまったのである。

この潔の弟が忍《しのぶ》である。相馬中学校に通学するにも、窮乏時代における勉学は物心両面に亘り艱難辛苦の極にあった。

前述のように父親保は大正十四年に病死したので、後に残された母のアキは渡部家の家業に励みながら二人の子供を育てる苦労は言語に絶するものがあった。その苦労の末、昭和十年(一九三五)十一月十一日、三十八歳で夫の後を追ったのである。

この逆境にあって成育した忍は、兄の潔を唯一の力頼みにしていたのに、その兄が国難に殉じて絶海の孤島に帰らぬ身となってしまったのである。

「辛苦の遭逢は親を喪うに始まり、孤兄僅かに存するも国難に殉ず」と言うべきか、天を仰ぎ地に伏して不遇を慨嘆したが、逆境何ものぞ、医師と為って人命を救うにありと志を立てたのである。

東北大学の大里内科、続いて中村(隆)内科において専心医学を究め、青森県板柳中央病院に赴任し、やがて板柳町に開業した。

忍は医師としての使命感に徹し、急患の場合、深夜でも早朝でも往診の依頼は絶対に断ることなく駆けつけ、また日曜日でも今日なお休診なしである。妻の博子の話では、あまりに疲労してベッドから転げ落ちるので、しばしばベッドに体を縛りつけて束の間の安らぎをとることもあるという。

厳寒の最中、積雪が深くて車も通れないような状況下、決死の思いで患者宅におもむく時も少なくないという。赴任当時よりその地方に病原のよくわからない得体の知れない病気に罹る患者が多く、その治療に苦慮した。

その原因は地元の名産である林檎の消毒に使用する薬品にあることを発見し、その治療法も研究して多くの患者を救った。その功績が認められて全国日本医師会より最高優功賞を授与され、更に吉川英治文化賞を受賞、日本学士会よりアカデミアプライス賞、続いて東奥賞・河北文化賞をも贈られている。第三十七回農村医学会会長・青森県農村医学会会長や第三回日本警察医会会長・青森県警察医会会長等の要職につき、その功労により勲四等、昨年十一月には、農村医学の功労顕著なるをもって、福島県外在住功労賞を受けている。

甥忍の福島県外在住功労賞受賞を祝って書を贈る

「艱難汝を玉にす」と言われるが、甥忍は幾多の艱難辛苦を克服して活躍している。

次に次男存《さとし》は、長兄と同様に天分も豊かであり学業も優秀であったが、中学を中途で退学した。それは長兄が病身であったので、家業の人手不足を補うためであったと思う。現役兵として仙台の騎兵隊に徴集されたが、上官の上等兵となるや、新兵の面倒みがよく、親戚の入隊した者もその恩恵に預かったといって感謝したことを覚えている。

無事除隊するや、志を立てて神奈川県の警察官となり、横浜市内の署に勤務した。忘れもしない大正十二年（一九二三）九月一日午前十一時五十八分に勃発した関東大震災の時には、署の二階に勤務していたが、その第二回目の激震に屋根の木材の下敷きとなって胸部を圧迫され、後日それが原因で発病した。

当時、村内の者で東京・横浜方面で働いている者も少なくなかったのでその安否が気遣われた。健在であった長兄が中心となり、慰問隊を組織し、握り飯や米などを用意して東京・横浜方面に出発したものであった。幸い無事であった弟にも会って大喜びをしたが、その最中であったと思う、私はこっそりと捕らえて川に生かしておいた大きな鰻を逃がしてやり、遥かに兄の生存を祈ったことがあった。

兄存は、この地震の圧迫が原因で発病し、長男の没後間もなく帰郷し自宅で療養した。療養は長期に亘り懸命に看病する母は見る眼も気の毒なくらいであった。この兄も意思は強固で、療養中も法律書を勉強し、判任官の文官試験にも合格し、官庁より採用の通知があったが、赴任することはできなかった。

一時は快方に赴き、馬耕などもやったが、病気は再び悪化し、その苦しみは見るに耐えなかった。母親は私を呼んで、主治医に頼んで、鎮痛剤をもらってくるようにと話したことも、一度や二度ではなかった。あの当時の医者は往診には来てくれるものの、鎮痛剤は容易に出してくれなかった。

昭和五年（一九三〇）一月十四日、私が中学五年の時、ついに三十一歳で他界した。母の慟哭は並大抵ではなかった。

三男公《ひろし》も、学業は優等で特に書道にすぐれ、健康で病気一つしなかった。

父が家業を継がせると言って中学へ入学させなかったのを憤慨し、無断で家出して東京で某会社の役員をしていた母方の親戚を頼って上京してしまった。昼間は会社のアルバイトをやり、夜間に某私立大学の附属中学校に通った。ところが一か年も経たないうちに、父が上京して家業を継がせるからといって無理に説得して家に連れて帰ったのである。

やがて徴兵検査に甲種合格となって朝鮮平壌の歩兵七十七連隊に入営した。

遠い平壌の山野には虎が出現して人間を食い殺すという風評を聞いた母親は、それを信じて心配すること、ただごとではなかった。私も旗を振りながら駅まで見送ったものである。

二か年の兵役を終えて無事除隊した兄は、家庭の事情で家業を継ぐことができなくなり、これまた福島県の警察官となった。判任文官の試験も合格して警部補に昇進したが、前途に見極めをつけたのであろうか、満洲国の役人に転じたのである。やがて蒙疆政府の参政官となって活躍した。

この兄は兄弟思いが深く、特に私の面倒を見てくれた。中学時代には安い月給を割いて私に月謝を送ってくれたし、応召して蒙古の平地泉で訓練を受けていた時には、二度も面会に来て激励してくれた。

私の戦傷死の誤報が伝わった当時、一時帰国しておった兄は留守の家族を擁護して八方に奔走してくれた。生存が判明して、入院していた北京の陸軍病院に見舞いにきてくれた時は、折から酷寒の十二月、白衣一枚で震えあがっている私を見るや、自分が着用していた毛糸のシャツとズボン下を脱いで私に与えてくれた。当時の病院は残酷そのものであった。酷寒零下の寒中でも体温三十八度以下の者は、病種に拘らず、午前六時に庭に集めて、体操・駆け足をさせたものである。

私は当時、なお戦傷が完治せず歩行にも困難であり、胸膜炎も十分に回復していなかったのに、白衣一枚で六時からの体操・駆け足に参加させられた。

この世の地獄であったが、兄から毛糸の上下をもらってからは、寒さには耐えることができた。私が北京の病院を退院し内地還送されるに至ったのも、思えば兄の恩恵である。

この兄は、終戦に伴って蒙疆政府から帰国し、相馬市の選挙管理委員長をしたり、その他の公職について人の世話を親身になって行い、特に戦死遺族の世話役を勤めた。私が召集解除になって帰国した際などは、日ごとに魚釣りを楽しんだりした。とにかくこの兄には万事につけて最も世話になった。

波瀾万丈の生涯を送った兄であったが、長男克巳が相馬高校を優等で卒業して、福島県立医大に進学し、地元相馬市で開業することができ、兄の宿願が達成した。克巳の活躍に眼を細めながら、好きな煙草を燻《くゆ》らしていたが病に倒れ、わが子克巳の手厚い看護も薬石効なく、昭和五十八年（一九八三）五月三十一日、八十二歳で没した。勲五等を下賜されている。

更に、四男衛《まもる》は、これこそ父が兄弟中最優秀と自慢した大秀才であったが、中学第一学年在学中に発病し、東北大学の附属病院にも入院したが全快することなく、大正九年（一九二〇）六月二日、十六歳の若さで世を去った。

両親の慨嘆は尋常ではなかった。

また、五男章《あきら》は、厚生大臣や自民党の幹事長をされた斎藤邦吉氏と同級生で、相馬中学校の在校成績は一、二位を争う秀才であった。温厚で福島師範の第二部に進学したが、第一学年在学中に発病してしまった。ようやく全快して、帰校するといった折に再発して、昭和四年（一九二九）五月三十日、二十二歳で他界した。私の直ぐ上の兄であったから共に机を並べて勉強した間柄であり、私には一大衝撃であった。

七男隆《たかし》は、わずか四歳で天死した。それも風邪か何か軽い病気で通院していたある日、病院の二階から転落して脳膜炎を併発して急逝したのである。大正五年（一九一六）八月三十日のことであった。

八男勲《いさお》は、相馬中学校を卒

左：兄公（左）と弟勲
下：師団長より授与された賞詞

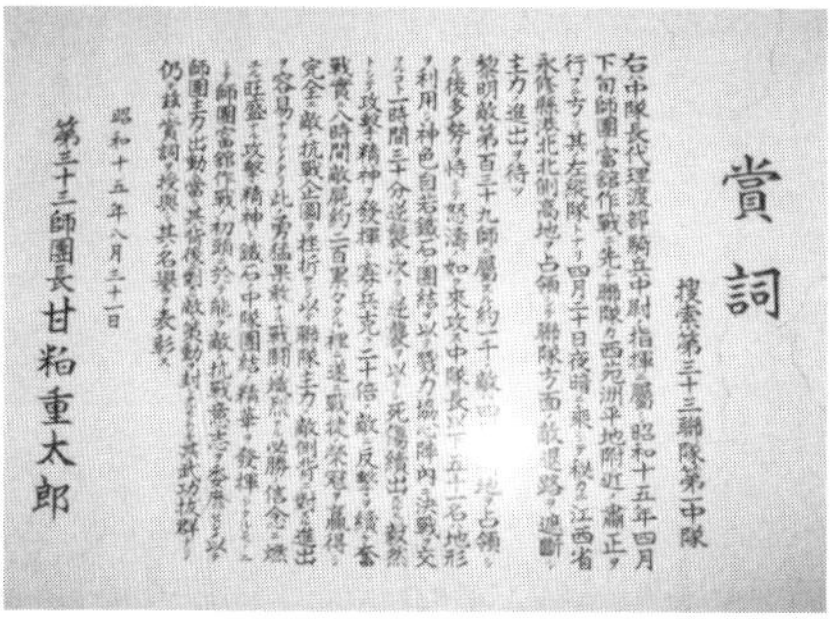

賞詞

捜索第三十三聯隊第一中隊

右中隊長代理渡部勲中尉指揮ノ下ニ昭和十五年四月下旬師團富錦作戰ニ先チ聯隊ハ西亮洲平地附近ノ肅正ヲ行フヤ其左縱隊トナリ四月三十日夜暗ニ乘シテ秘ニ江西省永修縣北側高地ヲ占領シテ聯隊方面敵退路ヲ遮斷シ主力進出ヲ待ツ

黎明敵第百三十九師ノ屬ス約二千ノ敵[illegible]地ヲ占領セント後多勢ヲ恃ミテ怒濤ノ如ク來攻ス中隊長以下五十一名地形ヲ利用シ神色自若鐵石ノ團結ヲ以テ戮力協心陣内ニ決戰ヲ交ユルコト一時間三十分逆襲又逆襲ヲ以テ死傷續出スルモ毅然トシテ攻撃精神ヲ發揮シ寡兵克ク二十倍ノ敵ニ反撃ヲ續ケ奮戰實ニ八時間敵屍約二百累々タリ[illegible]戰状ヲ榮冠ヲ贏得シ完全ニ敵ノ抗戰企圖ヲ挫折シ以テ聯隊主力ノ敵側背ニ對スル進出ヲ容易ナラシメタリ此ノ勇猛果敢ナル戰闘ハ燃ユル必勝ノ信念ト旺盛ナル攻撃精神ト鐵石ノ中隊團結ノ精華ヲ發揮シタルモノニシテ師團富錦作戰ノ初頭ニ於テ能ク敵ノ抗戰意志ヲ挫摧シ以テ師團主力出動當初ノ作戰ヲ有利ナラシメタルハ武功抜群ナリ

仍テ茲ニ賞詞ヲ授與シ其ノ名譽ヲ表彰ス

昭和十五年八月三十一日

第三十三師團長 甘粕重太郎

業後、家庭の事情を考えたのか、上級学校に進学せず、仙台の第二師団騎兵隊に入営した。幹部候補生の試験に合格して、堂々たる将校となり、中尉の時、北支に出陣した。中隊長代理として圧倒的に不利な敵の大軍と肉弾相い打つ白兵戦で、本人は重傷を負うも陣地を確保し、抜群の軍功により師団長より賞詞を授与され、二十代の若さで金鵄《きんし》勲章功五級勲四等賜与の恩典に浴した。

勲の重傷は奇跡的に回復し、終戦の時には宇都宮師団司令部の参謀付きの陸軍少佐であった。俊敏にして、事を処すること明快、私のよき相談相手であった。戦後、自衛隊が新設された時に、「是非」という要請があったようだが本人が望まず、相馬中学の先輩である海軍技術大佐西武雄氏の経営する日本高級金属株式会社に勤務、相馬工場長を最後に退社した。入社以前、甥忍が青森県板柳町で開業した時応援にいったが、その時の経験・ノウハウを生かし、兄公の長男克巳が相馬市に開業した時は事務長として八面六臂《はちめんろっぴ》の働きを為し、渡部内科医院の基盤を固めた。謡曲、囲碁を楽しみ、私が帰郷した折は必ず烏鷺を戦わす好敵手であった。

私より六歳年下であったから、将来を力頼みにしていたのに、平成四年（一九九二）九月十二日、七十五歳で他界したのは、惜しみても余りあることであった。兄公に続いて弟勲に逝かれた私は、帰郷の張り合いを失った感じで一杯であった。

末弟の九男信《まこと》は相馬中学校への入学が遅れた。それは入学前、強度の感冒に罹り、親類の医者が肺結核と診断したため、母親は進学どころではない、十分静養すべきだと考え、高等科を卒業しても中学には入れなかった。しかしわが子の前途を憂える母は真剣だった。もしかして誤診ではないか、東京で一流の専門医に診察させて欲しいと私に依頼して、本人を上京させた。

そのころ、私の奉職していた東京高等師範学校の校医村地長高先生は大正天皇の侍医まで勤めた呼吸器の名医であったので、事情を話して診察していただいたのである。母の祈りが天に通じたのであろうか、村地先生の診断は呼吸器にはなんの異常もない。風邪であったろうとのことで一安心し、かくて中学を経て第二高等学校を卒業する。本人は東京大学で印哲を学びたいと希望したが、それでは将来が案じられる。法学部に進んだ方がよいと説得した。抜群の記憶力と、私が出征中には、私の書斎で勉強に集中し、卒業後大蔵省に入省。退官後、外国に対して門戸を閉ざしていた生命保険業界にはじめて外資会社が参入を認められ、「ガン保険」専門のアメリカンファミリー生命保険株式会社の初代日本代表を勤めた。設立当初は、人々が避ける「ガン」専門の保険など成功するはずはないといわれたが、今日の盛況はただ驚くばかりの発展である。今日は閑を得て、年来の希望であった印哲や宇宙物理学の書物を楽しみながら繙《ひもと》いている。

第二章　少年時代の思い出

一、今昔の感

私が村の飯豊小学校に入学したのは大正六年（一九一七）であるから、今から八十三年も昔のことである。往時茫々《ぼうぼう》として記憶から遠ざかってしまったが、昔は今と大違い、今昔《こんじゃく》の感にたえないものも若干ある。

先ず思い出されるのは通学の服装である。その頃は服装は一定しておらず木綿の着流しで、袴などは正月元旦の四方拝、二月十一日の紀元節、十一月三日の天長節という三大節か、卒業式以外は着用しなかった。モンペなどの便利なものの恩恵に浴したものは、確か五年生あたりからだった。最も便利で感謝したものは、新製品として売り出された運動パンツであった。それまでの体操などは、着流しの木綿着の裾をまくりあげてやったもので、運動会の駆け足などは、失笑にたえない収拾のつかない姿であったことが思い出される。

教科書や学用品を入れる鞄などは高嶺の花であった。大きな風呂敷に弁当もいっしょに包んで、しっかりと背負って通学したものである。時々昼の食事の時、弁当がなくなったと騒ぎ出す者があった。当時、農家は極貧の家もあって朝の食事もできず、まして弁当の持参などできない者があって、それが他人の弁当を失敬する犯人であった。そこで弁当の保管には警戒したものである。今日のごとき給食の時代にはとても考えられないことであった。

在学中、最も困ったことは雪の降り積もる朝であった。「オソボ」と言って藁製の雪靴であるが、登校前にやっとのことで父が作りあげてくれたものであった。これをはいて勇んで登校したが、雪どけの放課後は、この「オソボ」で帰るのは難渋であった。漸く五年生のころからゴム靴が売り出されてこの苦しみから開放された。

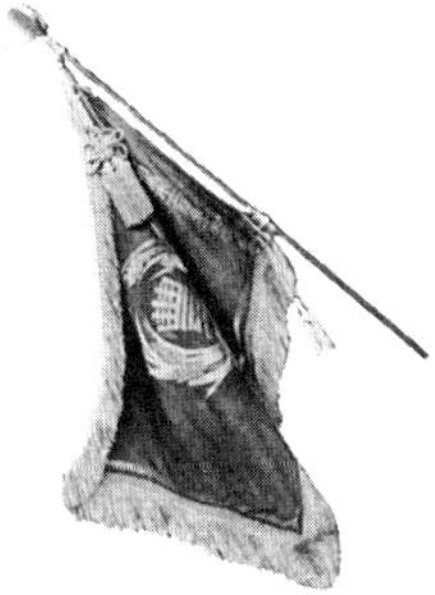

飯豊小学校校旗

当時登校といえば、雨天や降雪の日を除いては集団登校であった。私の家の裏が鎮守の森であったので、その鳥居の前に上級生で喇叭《らっぱ》の得意な者が集合喇叭を鳴らすと、それっとばかりに集合し、一応人数を調べてから二列の隊伍を組んで登校した。校門近くになると歩調を取って校庭に入り、両陛下のご真影や教育勅語の安置されている奉安殿に最敬礼してから各自教室に入ったものである。

集団登校で思い出すことは、その当時日曜日には、その大字《おおあざ》中の小学生が箒を持参して鎮守の森に集まって清掃をしたことである。

周囲のご神木からの落ち葉を掃ったり、雑草を除いたり、一時間足らずの奉仕であったが、敬神崇祖の精神を養い、集団行事としては特筆に価することであった。今日の教育で、奉仕の精神が問題にされているが、当時の我々は、こうした奉仕の作業を行っていたものである。

通学と言えば、九月初旬からの台風で河水が溢れて登校途中にある橋が流されてしまい、登校不可能になることが楽しかった。橋といっても丸木橋のような土橋であったから、台風の洪水には必ずと言ってよい程に破壊されて押し流され、通行できなくなる。そうすれば正式に学校は休みになる。これは子供心に大変嬉しかったものである。今時考えれば、全く非文化的滑《こっ》稽《けい》なできごとであった。

また痛快な思い出は、放課後帰宅途中の非行であった。六、七月の頃の農家では茄子《なす》や胡瓜《きゅうり》が成熟し、まさに食べごろになる。それが通学道路のそばの畑であれば、二、三人であたりを警戒しながら、新鮮な野菜をもぎ取って食べたものである。

最も印象に残っているのは、マメ柿と言った渋柿であるが、晩秋のころには真っ赤に色づいて食べられるようになる。それがなんと道路の近くにあって持ち主の人家も離れている。これ幸いと同級の学友と二人で登って食べ始めると、まだ渋い。もぎ取って下りようとしたところ、持ち主に発見されて大声で怒鳴りあげられた。サア、掴まっては大変と、その木の頂きから真下に飛び降り、下駄を拾って逃げ出した時の恐ろしかったこと。

こんなことは、今の時代には全く考えられない、今昔の感にたえない思い出である。

二、音痴の罰則

私の父は民謡の大家であったが、母親は歌は殆ど歌わなかった。物置小屋で一人で手仕事をしている時など、低い声で歌うのを聞いたことがあるが、人前では絶対に歌わなかった。あるいは音痴であったのかも知れない。この劣性遺伝であろうか、私は唱歌は音痴なので人前では歌えなかった。そこで小学校時代で思い出される最も嫌であったことは、唱歌の時間であった。当時唱歌と言った言葉からも推測できるように、ただ歌えばよいのである。ドレミの音階も音符もなにも教えてもらえない。ただ先生が歌うのに続いて真似するだけであった。それでも他の生徒は上手に歌えたが、私はどうしても歌えなかった。歌っても途中で調子が変になり音声も変わってしまう。私と同様なのが持館金右衛門と称して良家の長男であったが、音痴であった。みんなといっしょに合唱すると、二人が途中で変な音声をあげるので、その唱歌の先生の怒り様はすごかった。二人は列外に出されて合唱するのを禁止された。こんなことが二、三度あったから、私も唱歌の時間が一番嫌いになってしまった。しかもそれだけではすまなかった。唱歌の時間は、二人は列外に出され、一切歌うのを禁止されたばかりでなく、罰則と言って授業後、教室の後ろに立たされ、容易に帰宅を許されなかった。同級生が喜んで帰宅するというのに持館と私の二人は帰宅の許可がなく、漸く日の暮れるころに帰されたものであった。こんな罰則があってよいものであろうか。子供ながらに納得がゆかず憤慨にたえなかった。

今考えてみると何たる教育であったであろう。何か矯正法を教えてくれれば良かったものをと思われるが、その当時の教育はそれでも問題視されなかったのである。これは一年生、二年生と続いて、唱歌の時間ほど嫌悪《けんお》を感じたものはなかった。

ところが先生にも立派な方があった。三年生の時から師範学校を出た正規の阿部ヒデ先生という方が唱歌を指導された。この先生は前の先生と打って変わった親切な指導をしてくれた。合唱の時は低い声でみんなについて歌えばよい。諦めないで練習しなさいとやさしい指導であった。列外に出されたり罰則を受けるということはもちろんなかった。持館も私も喜んで、しだいに一人で歌い終えるようになった。

私は後年教育に従事したが、教育は個性を尊重しなければならず、ある科目の成績不良な者があっても、やたらに叱ったりすべきではないと考えた。これはこの小学校時代の唱歌の罰則が身にこたえていたからであろう。

三、梅檀《せんだん》は双葉より芳し

私は小学校二、三年のころからと思うが、家庭で父が大事なものを紛失して家庭騒動となった時、これを救う氏神のような才能を発揮したものである。農家であるから、一家の収入は春と夏との繭《まゆ》の収入と、秋の実りの米の収入の二つが財源であった。

母は負けず嫌いで、養蚕となると温度の高い蚕室の一隅に寝泊まりして養蚕に精出し、何時も村中第一等の繭を作ったものである。蚕室と言っても特別の建物があったわけではなく、普段私どもの使っている部屋が蚕室となるので、私どもは養蚕を好まなかったし、また雨の降り始める日などは、桑摘みに駆り出されることも少なくなかった。

しかし繭が出来上がってこれを売り出す時は、一家総出で繭かきをして、衣類を入れて置いた長持ちに繭を一杯入れ、二台の荷車に載せて繭問屋まで運んで行った。その時は私ども子どもたちも全員で荷車の後押しをして出かけたものである。

その帰りには、売上げの大金を懐にした父は、私どもをうどん屋の二階に上げて何杯でも食べられるだけご馳走してくれた。

これが私どもの待望する年中行事の一つであった。

ここまでは大変景気のよい話であるが、それから二、三日後にその時売り上げた大金の財布が見当たらないといった大騒ぎが起こったのである。農家であるから、普段は畳を敷かずに物置き倉庫の隅に何枚も重ねて置いたものである。父はその何枚かの畳の間に大事な財布を入れて置いたが、どこにも見当たらないと言って騒ぎたてたのである。そうした時、私は落ち着き払ってその場をじっと見詰め、畳の間に入れたならあるいははみ出して畳と壁の間に落ちているのではないかと判断した。竹竿を持ってその透《す》き間を探って見ると、何と手ごたえがあり、それが大金の入った財布であった。その時の父の安堵は言語に絶するものがあり、賢い子だといって褒めてもらったものである。

こんなことは、秋の収穫米を売った時にもあった。倉庫でなく戸棚の奥にしまって置いたという。その時も家族一同で捜したが見つからないので大騒動となった。やっぱり私の出番であると考え、その場を検証して、狭い戸棚だからなくなる筈はない。てっきり別の所に置いたに違いないと思って別の戸棚の引き出しを捜してみると、何とそこに鎮座しているではないか。やれやれ大助かりと言って褒められたが、一銭の褒美も頂けなかったことが残念であった。狭い農家のことであるのに、春夏秋冬の中には、父ばかりでなく、家族の中でも物を紛失する騒ぎがあったが、その都度私が捜し当てたものである。

こうしたことから自信を得たものであろう、物を紛失してもうろたえず、必ず見つけ出すことが今日でもある。

これが幼年時代の特技で、「栴檀は双葉より芳し」と言ったら言い過ぎであろうか。

四、思い出の山　思い出の川

石川啄木に、

かにかくに渋民村は恋しかり　思い出の山　思い出の川

という不朽の名作があるが、私もふる里の山河は忘れることはできない。

私のふる里相馬と言えば、相馬駒焼き・相馬野馬追などが昔から有名であるが、自然の山河も思い出に残る美しいものであった。

私がふる里を離れてから七十年近くになるが、この間戦争に召集された一か年半を除いては、年に二、三度は必ず帰郷している。

両親在世の当時はもちろんであるが、今日なおふる里を慕ってやまないのは、やはり、思い出の山河があり、旧に変わらぬ親戚や旧友が健在しているからである。宋の詩人劉子翬《りゅうしき》が、

故山終《つひ》に他山の好きに勝り、新交は旧交の楽しきに如《し》かず

と歌っているのは、ふる里を離れ旧友に遠ざかって他郷にある私どもの心情を巧みに表現したものと言えよう。

私のふる里相馬は、実に自然美に恵まれた所である。西に阿武隈の連山が聳え、東に太平洋が広がり、その入り江に景勝日本百景の一つに選ばれた松川浦がある。この松川浦は郷土の松田一先生が考証したように、ふるき万葉歌人が、

松が浦に　騒《さわ》ゑ群立《うらだ》ち　真人言《まひとごと》　思ほすなもろ　吾が思《も》ほのすも　(巻十四・東歌)

（松が浦で波音騒がしくむらがり立つように、人の噂をうるさいと思っておられることでしょう。
私があなたをいとおしく思っているのと同じように。）

と歌っている「松が浦」は、現在の松川浦であり、近来は釣りの穴場としても有名になっている。私は小学校時代には、この松川浦に続く太平洋側の原釜や尾浜の海水浴に出かけたものである。午前中は穏やかで海水浴には最適であったが、午後になると荒波が怒濤となって押し寄せた。

特に尾浜の海はすごかったが、その荒波に乗って砂浜につくのが快適であった。しかし怒濤は恐ろしかった。幾度かその怒濤に巻き込まれて呼吸もできず、半死半生となって砂浜に打ち上げられたことがあったか分からない。

危険であるからよせばよいのに、成功した時の快感が忘れられず、幾度も失敗している。幾人も事故にあっているが、よくぞ苦境を脱して生き残ったものである。

ふる里の思い出の山と言えば、茸《きのこ》狩りの面

万葉の歌を刻んだ「松が浦」碑

白かったことである。秋の彼岸の中日、金木犀《きんもくせい》の花が香れば茸が盛りになると言われた。学校から帰宅すれば教科書や文房具を包んだ風呂敷を抛《ほう》りこんで山に出かける。もちろん一人ではない。仲善しの竹馬の友二、三人で駆けながら向かいの山に出かけたものだ。

元来茸狩りは早朝がよいのであるが、学校のある日はそれはできない。

茸は、城《しろ》といって出る場所は決まっており、それがめいめい秘中の秘である。早速その城に駆け込んで、予想通り「ほうきたけ」（ネズミタケ）の列を作っているのを見つけた時の喜びは並大抵ではない。一か所で笊《ざる》にいっぱいになることもある。笊一杯の収穫で誇らしげに家に帰れば特に母親が喜んで、早速枝豆をつぶして「じんだあえ」のご馳走を作ってくれる。天下にこれ以上のご馳走があるかと思われる程の味わいであった。

川や入江で楽しむ釣りも忘れることのできない思い出が多い。ただ前章でも述べたように一向宗の信心の篤かった祖父に禁止されていたので、堂々と釣り竿をさげて出かけることはできなかった。無益な殺生はやめろという祖父の戒めであったが、禁止されればされる程、祖父の目を逃れて出かけたものである。

「子鮒釣りしあの川」と歌われるが、子鮒どころではない、大きな鯉を釣りあげることもあり、時には夢中になって川に飛び込んだこともあり、濡れ鼠《ねずみ》になっても天日で乾かして帰ることもあった。

私が故郷に帰る楽しみの一つは、幼少の時代に遊んだ山や川に接することであった。戦後、郷土の開発を目指して構築された相馬港は、年々拡張して今や国際港の指定を受けているのは、故郷の発展上、大いに喜ぶべきことと思う。しかしその拡張に従う地域の開発のために、付近の風致が変貌し、往年の面影を失いつつあるのは、故郷を思慕する私どもにとって傷心の種である。

冬が過ぎ春が訪れると、相馬のふる里は城趾の馬陵城頭の桜が咲いて天下一の美景を呈する。「年々歳々花相似たり、歳々年々人同じからず」と歌われているが、この桜花爛漫の時にはでき得る限り帰省することにしている。

暑い夏が過ぎて爽涼《そうりょう》の秋となり、菊花も香って満山錦の紅葉のころも、できる限り帰郷する。往時茸狩りに駆け廻った山々は、当時そのままの風致ではないとしても、その面影はまだ残っている。

こいねがわくはふる里の山よ川よ、開発などの近代化に抵抗して、いつまでも旧態を止めてくれないだろうか。「四季秀麗の地は人傑《すぐ》る」といわれる。

麗しい山川の自然は独り望郷思郷の私たちの為に存在するものではないと思うが……。

五、幻灯機の弁士と童話読み

旧正月のころである。私の小学四、五年のころ、幻灯機の映写が流行した。その当時の幻灯機の値段は三、四円で、私どもの小遣いでは到底買えないものであったから、村の家々を廻って寄進を集め、漸くにして大願成就し、ガラスに描かれている童話などのフィルムを買い、希望の家々を廻って夕食後映写したが、私はその弁士をつとめた。当時たまに見物する活動写真は、いわゆる活弁つきであったから、多分にその影響を受けて熱弁を振るったものである。今にして思えば冷汗ものであるが、その当時はそれを楽しまれる老人たちが少なくなかったので、旧正月における私たちの年中行事であった。この影響を受けて、映画会社の俳優になるなどと言って家出するという無知な者も出て、大騒ぎすることもあった。

童話と言えば、そのころ私たちの好んで読んだ豆本は、真田十勇士の猿飛佐助とか霧隠才蔵などの忍者童話が流行した。私の祖母は自分では読めなかったので、夕食後私にそれらの童話を読んでもらうのを楽しみにしていた。一時間読むと何銭と小遣いを頂けるのが何より嬉しかった。私の唯一の所得であった。

この祖母は、前にも触れたように、わが家の祖先の養女となって養子と縁組みをしたのであったが、食事ごとに夫と口争いをしたものである。食事が遅過ぎるとか、食べすぎるのではないかと祖父に注意されたが、それに屈しない強さを持っていた。祖母の末弟中野節夫は陸軍中尉で、日露戦争歴戦の勇士とかで口髭を蓄えて威風堂々としていた。祖母にも一脈通ずるところがあったものと思う。前にも触れたように、私が六男として産声をあげた時、「また男の子か」といって喜んでくれなかったが、やはり女の孫を欲しかったのであろう。それが揃いも揃って男の子九人兄弟であったから、恐らく祖母は落胆し続けていたのであろう。

六、凧《たこ》あげと野球

現在も地方によっては盛んに行われている風習の一つに凧あげがある。私の小学時代も旧の正月ころには、競って凧あげに興じたものであった。

私は、兄から教えて貰った自家製の凧をあげた。凧紙を買って来て、八幡太郎義家や義経などの武者絵を描き、糊を作り、竹を削って半畳ほどの凧を作る。「うなり」には、桜の皮や南瓜《かぼちゃ》の蔓《つる》の皮を用いた。吹く風に天空高く舞い上がらせ、グングンと強い「うなり」を響かせる快感は醍醐味の絶頂である。田地の隅に積まれた藁束にくるまって、凧糸を強く引きながら、その昔、大凧に乗って島に渡ったという武将などを思い出し、そんな大凧を作りたいとも考えたりした。

また、そのころの遊びとして興味のあったのは少年野球であった。校庭では許されないので、稲を刈ったままで馬耕のかかっていない水田で、日暮れまで続ける野球は楽しかった。ただ水田で野球をすれば、土地が固まって耕作に害があるというので、持ち主から追い払われ、折角興に入った試合を中途で放棄せざるを得なかったことも再三であった。

誰か有志の方があって野球場を提供してくれないかとも考えたが、そんな篤志家は現れなかった。今日、私はプロ野球を観戦しながら一喜一憂しているが、少年時代に味わった醍醐味が忘れられないからかも知れない。

◇閑話休題 —— 山芋掘りの名人

ふる里の思い出として忘れ得ないものの一つに、山芋掘りの逸話がある。それは、山芋掘りの特技を身につけていたことである。私の成長した村では山芋は山菜料理などを得意とした村のある家だけの特技で、誰も山に出かけて山芋を掘るという者はいなかった。ところが、私と仲良かったその家の学友が、山芋を見つけ出す特技を私に教えてくれた。木の枝にからみついた蔓の葉が黄色に色づいたころ、その蔓の根もとをさがして掘ることはできるわけであるが、そのころではまだ十分成熟していない。その蔓も枯れちぎれて、その根もとも不明となったころの晩秋から冬にかけて掘るのが時機であるといわれた。蔓は枯れ果ててその所在がわからないから、誰もそれを見つけ出して掘る者はなく、村ではその家だけがそれを掘る秘法を知っていたのであった（山芋は正しくは「山の芋」）。

そこで、その秘法を問いただしたところ、山芋はその雁首から栄養を摂取する根毛を四方に広げている。だからその根毛を捜し出して雁首を見つけるのが秘訣であると教えてくれた。

その根毛は雑木の根毛と似通っているので、その見分け方も伝授してもらった。それからというものは、その伝授を仲の良い近所の学友にも教え、山林に出かけては山芋をたくさん掘ることができた。これでとろろ汁を作って食べるのがおいしく、特に母親が好んだので、付近の山林を随分と荒らしまわったものだ。そのころ私は実際山芋掘りの名人であった。そこで自ら「山芋博士」などと豪語したりした。

思い出すのは戦後のこと。軍籍を離れた弟も私以上の山芋掘りの名人であったので、二人で相談して家から五・六キロ離れた阿武隈山中に行って、大収穫をあげたことがある。

親戚がその山中の麓に住んでいたので、一泊がてらで出かけ、山芋の最も多いという場所を教えて貰って、早朝から夕刻まで掘り続け、リュックサック一杯の収穫をあげて帰宅したことがあった。

山芋の蔓の葉は、秋の半ばころには黄色に色づくもので、箱根に旅行した時などは、その風景に接するとたまらない懐かしさを覚えるものである。

箱根には、その山芋を販売する店もあると聞いて、箱根に行った時にはよく買いあげて帰ったものだ。箱根の山芋の味わいは素晴らしい。私が山芋好きということが聞こえていると見えて、秋には地方から送り届けてくれる方もいる。私が後年、度々訪れて親しくなった恩師諸橋先生のふる里、下田村もその山芋の産地と見えて、よく送ってくれる方があるので、有難いことと感謝している。

年若くして元気旺盛なら、現場に案内していただき、自ら掘りたいとも思うが、九十の老齢になった今日、その元気のないのが残念である。

「盛年重ねては来らず」である。

七、障子学校・ボロ学校の汚名をすすぐ

懐かしい母校飯豊小学校は、校舎がふるく、教室の窓はなんと切り張りの障子であった。年に一度は障子張りをするのも楽しみであった。

ところが癪でならなかったことは、町中などを歩いていると他校の連中が私たちに向かって、「障子学校・ボロ学校」とあざけるのが常であった。その度に、「よし、今に見ておれ」と心に誓ったものであった。

小学五年のころであったと思う。相馬郡内十数校の珠算・暗算大会が母校で開催され、私ともう一人の同級生が選ばれてその大会に参加した。最初は珠算であったが、最後は三桁《けた》の足し算や引き算まで競争した。珠算は暗算より得意であったから、容易に第一位を獲得することができた。

ついで暗算である。二桁までの暗算は容易であったが、三桁となると容易ではなかった。まだ引き終わらないうちに、次の数字が読まれる。そこで考えた。後れてもよいから、その読み上げた数字を暗記することにして続けていった。読み上げが終わって計算完了の者は手をあげたが、誰も正しい答えがでなかった。ひと読みおくれて計算できた私が手をあげると、なんと

正しい答えであった。

　珠算と暗算で優勝した私は、褒美として一冊ずつのノートを授与されてとても嬉しかったが、それよりもこれで「障子学校・ボロ学校」の汚名をすすぐことができたと大変愉快であった。後年私が相馬中学校に首席で合格した時も、やはり同じ思いであった。

　ところで考える。現代は電卓という便利なものが普及して、掛け算・割り算、幾桁の数字でも瞬時に計算することができる。これで頭の訓練の必要はなくなったのだが、それで人間の頭脳はよくなったであろうか。人が機械を使うのではなく、機械に人が使われるロボット化してはいないであろうか。珠算・暗算などの計算ばかりでなく、若いうちから頭の訓練は必要ではないだろうか。ワープロやパソコンの導入・活用は当然のことであるが、基本となる漢字・漢語の実力がつかない弊害も同様でないかと思われてならない。

八、泣いて母に訴う

　私の小学校の成績は、「栴檀は双葉より芳し」と自慢するほどではなかった。大体、自分の勉強の専用の部屋も机もなかった。教科書や学用品は一括して、食事する部屋の食器棚の引き

飯豊尋常高等小学校５年生時。前より４列目、むかって右より児童の３人目。

出し一個を与えられるだけであった。従って家に帰っても特に勉強するということもなかった。

小学校における学業成績で頭角を表わしはじめたのは、五年生からであったと思う。五年生の担任は羽根田亀七郎先生で、師範学校を出た正規の先生であった。歴史と体育の指導が得意な先生であった。戦争の研究は、原因・戦況・結果の三方面より為すべきであると力説され、当時教材用の戦争の掛図などを示して興味深く教えてくれたものである。

六年生は、中学校や女学校に進学する学年であった。特に準備教育というものは無かったが、一、二度進学の模擬試験があり、その都度私は最優秀の成績であった。

私の家では、長男の時代から高等科を卒業してから中学校に進学するのが慣例となっており、私の兄たちはすべて高等科を卒業して中学校に進んでいた。従って私も当然高等科にいかなければならなかった。しかし勉強にも興味を覚え、学力にも自信のあった私は六年卒業で中学に進みたかった。

そこでその年の暮れに母に泣きながら訴えた。どうしても来年三月に中学の受験をさせてくださいと、切々と訴えた。しかし母は許してくれなかった。

家には今、中学に二人通っている(亡叔父の長男と五男の兄)。家の現状では、三人を中学に通わせることは到底できない。高等科を出たら必ず入れてやるから、それまでは我慢してくれ。

と懇々と涙を浮かべながら説得された。母自身は学校教育を受けていなかったが、中学だけは卒業させなければならないと考えていた。当時私の家は約三ヘクタールの田畑を所有していたから生活に困窮する筈はなかったが、前にも述べた通り、兄たちが連続的に病気に罹り、その医療費だけでも莫大であったので、生活は苦しかった。子供ながらにその事情は理解していたので、父に願うわけにはいかず、母にこっそり訴えたのであったが、懇々と涙ながらに説く母に、それ以上強請することはできなかった。

今の時代は中学は義務教育となり、高校もほぼ進学するというのが実状であるが、当時は村から中学に入学する者はごく希であり、農家の長男以外は高等科を終えれば、多くは大工その他の丁稚奉公に出されていたので、母の説得でやむを得ないと諦めることになった。

「孟母断機の教え」ということがあるが、道理のある母の説得に中学校の受験を断念して高等科に進み、その卒業まで待たなければならなかった。

今日の時代なら到底考えられぬことである。

第三章　馬陵健児時代の思い出

ここでいう馬陵とは、母校福島県立相馬中学校を指す。旧藩主の居城である中村城が一名馬陵城とも呼ばれ、母校がその南に隣接していたことによる。

一、苦労した家業の手伝い（馬耕、草刈り）

憧れの福島県立相馬中学校に入学したのは大正十四年四月であった。従兄は卒業して国鉄の職員となって宮城県の塩釜駅に勤め、兄は四年生であった。首席で入学した私は級友の注目の的であった。勉強はさして苦労を感じなかったが、最も重荷に感じたことは家業の手伝いであった。

家事手伝いとしての私の日課は、風呂を焚くことと、飼い馬の世話をすることであった。風呂は今日の時代のように便利なものでなく、五右衛門風呂と言って、湯船の底は鉄板でありその上に底板のついたもので、薪をもやして沸かす不便なものであった。それに私の家から東の五軒は、井戸を掘ってはならないことになっていた。それは、私の家の裏にある鎮守の境内に古い井戸があり、それに目の見えない方が落ちて死んだので、その遺恨で五軒の家は井戸を掘ってはならないとの言い伝えがあった。そのため、この上もなく不便であったのである。幸いにも家の前を流れる小川は清流であったから、それを汲んで風呂を焚いたものである。手桶に川の水を汲んで風呂に一杯にするのも一仕事であり、夕刻農作業が終わって家族が帰るまでに風呂を沸かすことも容易でなかった。火吹き竹で吹きながら雑木を焚くのも一苦労、けむい煙に咽《むせ》びながら教科書の下調べなどして火の番をしたものである。

旧制相馬中学校

しかもその上、飼い馬の世話をしなければならなかった。藁を細かくきざんで飼い馬桶に入れ、水と米糠を程よくまぜ合わせて夜の餌を作る。また、米をといだ水を程よく沸かして与える。これが一仕事であり、翌朝学校に出かける前に与えるものは夕方の内に準備して置くことになっていた。そして一週に一度くらいは、近くの馬洗い場と称する川の入江に連れ出して体を洗ってやる。その時は裸馬に乗って出かけるので、途中急に疾走されて落馬するということも度々あったものだ。

しかしこの程度のことはさしたる苦労ではなかった。級友の殆どは、大工の見習い奉公などで苦労していることを思うと、誇り高い中学校に進学して将来の夢を抱いている私は幸福であると考えていたからである。

最も苦しいと思ったことは、水田を馬耕で耕すことであった。私の家には二ヘクタール余（二町三反ほど）の水田があり、秋の収穫が終わると、それを馬耕で掘り返して、寒中に凍らせることが通例だった。長男が病死して人手の少なくなったわが家では、私に馬耕をやってほしいということになり、土曜日の午後か日曜日に引き受けることになった。時に私は中学二年生であった。

十一月から十二月にかけて耕すので、寒さは寒し、それに飼い馬は年少の私を侮って思う様に歩いてくれない。時には急に駆け出してあらぬ方向に走っていく。これを巧みに御して馬耕を続けるということは容易ではなかった。

大声を張りあげて叱咤《しった》し、或いは鞭で尻を叩いて進行させる。使い馴らすまでには相当の日数がかかったものだ。そのうち馬もあきらめたと見えて素直に前進するようになり、一日に二反、調子がよければ三反を耕すことができて、父は大変喜んだものである。

この馬耕は、年内の一回では終わらない。来春になって田植えをする前に、掘り返しといってもう一度馬耕で耕して細かく砕くものである。いよいよ田植えをする時は、代掻《しろか》きと言って耕田に水を入れて整地をするものであるが、それも馬を用いてやる。その仕事も登校前の四時ころから七時ころまで手伝ったものだ。

私は級長であったから、教室に入る前は廊下に整列して点呼したもので、それに間に合うように駆け足で登校することも度々であった。この耕作の手伝いは中学在校の四か年と卒業後浪人生活の一か年まで五か年続いたものである。

また、夏は馬に与える草刈りと言って、四時ころに起きて前方の山に出かけ、山草を刈って大東二つを背負って帰ってから登校することも珍しくはなかった。これは兄も一緒であった。近くの山と言っても、薄暗い山中に一人で入ってサクサクと音を立てながら山草を刈るのは、何か恐ろしいものが襲って来るような気がして不安を覚えたものであった。それでも山間に咲いている百合や桔梗の花を見つけ、それを携えて家路に急ぐ時の気持ちは爽快であった。

私は小身ながら体力があり、柔道部の選手として活躍できたのも、こうした家事手伝いで体を鍛えたことに負うところが多いように思われる。

当時を思い出しては、感謝こそすれ、恨んだりすることは毛頭ない。「艱難《かんなん》汝を玉にす」と言っては、誇張すぎるかも知れない。

二、漢文の先生の失言

中学時代の学習科目で比較的不得意なものは図画であったかも知れない。音楽の科目のないのは大助かりであった。

中学四年生の時であったと思うが、漢文の石川虎之助先生をお詫びさせたことは、今でも忘れることができない。この石川先生は、特に学歴はなく、独学で検定試験に合格した国語漢文の先生であった。特に漢文の造詣《ぞうけい》は深く、『論語』や『孟子』の四書などは全部暗記しておられた。懇切丁寧に、しかも学殖があったから、熟語の出典などは、立ちどころに板書して教えてくれた。漢詩文も作られ、今考えると優に大学教授の学殖があった先生と思われる。この石川先生をして私にお詫びをさせるという前代未聞の珍事があった。

それは孟子の「三楽」という言葉の出典を説明されて、「孟子曰く、君子に三楽有り。而して天下に王たるは与《あづ》かり存せず。父母倶《とも》に存し、兄弟故《こ》無きは一の楽しみなり。仰いで天に愧《は》ぢず、俯して人に怍《は》ぢざるは二の楽しみなり」と言われて、「次にもう一つの楽しみがあるが、それを知っている者があったら、漢文の試験を受けなくても百点を与える」と豪語された。『孟子』尽心下の文章であるが、誰も手を挙げて答える者がなかった。

ところが幸いなるかな、私は以前『孟子』のその文を何らかの参考書で読んで暗記していたので、「ハイ」と手を挙げて、「天下の英才を得て、これを教育するは、三の楽しみなり」と答えた。なんと石川先生、頭をかかえて、「前言これに戯《たわむ》れしのみ。わるかった。お詫びする」と言って約束を解消したことがある。

この「前言これに戯れしのみ」という言葉は、私が後に分かったことであるが『論語』陽貨編に見える孔子の言葉で、孔子が門人の子游の治めている武城という小さな町に行った時、音楽が

○孟子曰君子有三樂而王天下不與存焉
樂音洛。王與皆去聲。下並同
父母俱存兄弟無故一樂也
此人所深願而不可必得者。今既得之。其樂可知
仰不愧於天俯不怍於人二樂也
程子曰。人能克己則仰不愧俯不怍。心廣體胖。其樂可知。有息則餒矣
得天下英才而教育之三樂也
盡得一世明睿之才。而以所樂乎己者。教而養之。則斯道之傳得之者衆。而天下後世將無不被其澤矣。聖人之心所願欲者。莫大於此。今既得之。其樂爲如何哉
君子有三樂而王天下不與存焉
林氏曰。此三樂者。一係於天。一係於人。其可以自致者。惟不愧不怍而已。學者可不勉哉

『孟子』「三楽」

到る処から聞こえた。これは子游が孔子の教えを守って礼楽の教育を行っている証拠であった。その時孔子は「鶏を割くに焉《いづ》くんぞ牛刀を用ゐん」（小さな町を治めるのに大国を治めるのと同様に礼楽教育を盛んに行う必要はあるまい）とからかった。ところが子游は、「私は以前か

ら、『君子が道を学べば人を愛し、小人が道を学べば使い易い』という教えを承っております。私が礼楽の教えを行っているのは、なぜ悪いのですか」と反問した。孔子は従者の門人たちを顧みながら、「子游の言った言葉は正しい。前言（鶏を割くに云々）これに戯れしのみ」と言った。

石川先生は即座にこの『論語』の故事を踏まえたのであった。

後年私が漢文学を専攻した遠い源は、この石川先生のご指導があったものではないかと思われる。

三、神殿の読書

前にも述べたように、私の家に続いた裏の森には、麓山《ふもとやま》神社という鎮守の社があった。私の育ったころは、何百年も経た老杉が昼なお暗く茂り、森閑として恐ろしかった。私の兄も同様であったが、私は中学時代の日曜日の午後など誰一人いないその神殿の廊下に小さな机を運んで、国語の古典や漢文の勉強をした。遠慮する者はいないから声高らかに朗読したものである。

私は『徒然草』や『論孟』などの文は、その神殿で朗読したので、おのずから暗誦できるようになったものである。漢詩の朗吟も、その社殿で心ゆくまでやったおぼえがある。

私の記憶力は、この森閑たる社殿で培われたのかも知れない。今日の学校教育で、朗読はあまり行われていないようであるが、国語や漢文の名文や名詩は朗読させた方がよいと思う。しかも若い時に暗誦した名文名句は、一生忘れがたいものと思う。格言や故事成句などの名言は、ぜひとも若いうちに暗誦させたいものである。

四、感動した長官の訓話

麓山神社

母校は、東北の杜《もり》の都仙台から六十キロ南の地にあり、交通機関の発達した今日ではさ程遠く離れていないが、当時は遠隔感があった。

従って片田舎であったから、私ども生徒には「井中の蛙」の感なしとしなかった。この狭量の短を補うために、母校では機会あるごとに名だたる名士を招聘《しょうへい》して講演会を開催したものである。

母校百年史の年表によると、母校は明治三十一年四月一日に福島県立第四尋常中学校として創設され、一六二名の第一回入学者をもって発足している。

第四と称したのは県内中学校の創立の順序によるもので、第一は安積《あさか》中学校、第二は磐城《いわき》中学校、第三は福島中学校、第四が母校であった。

未だ中学校の少なかった明治三十年代に片田舎の相馬に中学校が設立されたことは、相馬地方の有識者の高邁《こうまい》なる識見と努力によるものであった。

折角設立した中学校であるから、校長以下の教職員及び生徒の意気込みは、プライドに満ちた意気軒昂《いきけんこう》たるものであった。次いで校名は福島県第四中学校、福島県相馬中学校と改称され、明治三十四年四月七日、福島県立相馬中学校となった。昭和二十三年の学制改革により福島県立相馬高等学校として発足し、同二十三年三月、第四八回の卒業生をもって発展的に解消した。

この間母校に来校し、あるいは講演を行った時の名士は数多くあった。明治三十三年十一月七日、慶應義塾の鎌田栄吉塾頭を始めとし、歴代本県知事の来校が年中行事として行われた。特に講話された名士を挙げれば、東京帝大菊地大麓総長・東北帝大沢柳政太郎総長・東京高等師範学校岡倉由三郎教授・東京帝大文学部長佐藤丑五郎教授・講道館長嘉納治五郎・後藤新平・東北大学名誉教授林鶴一博士・植松海軍大佐・一氏義長氏・佐藤忠清氏等（以上昭和四年度まで）であるが、私自身の聴講したのは林鶴一と福島県知事の小柳牧衛の両氏の講話・訓話であった。

林鶴一博士は、数学の世界的学者であるが、その中学時代は数学で落第したことに憤りを発して数学の大家となったと話されたことには深い感動を覚えた。私たちの最も感動措く能わざる訓話は、小柳県知事の訓話であった。本校には二度来校され、昭和四年九月二十四日の訓話の中で、「憤の一字は進学の機関なり。舜《しゅん》何人ぞ。予《われ》何人ぞ」を引用されたのである。

その当時は、その言葉の出典はわからなかったが、これは昌平校の儒官佐藤一斎の『言志録』に見えるものである。「同じ人間でありながら、他人にできて自分にできないということがあるものかと、心を奮い立たせる『憤』の一字こそ、学問を進める原動力である。いにしえの聖天子とたたえられた舜帝も自分と同じ人間ではあるまいか」という意である。この一斎の言葉は、『論語』や『孟子』の文をふまえたものであるが、これを中心として話された格調高く情熱的な小柳県知事の訓話は、ともすれば小成に甘んじる私どもに深い感銘を与えてやまないものがあった。

その第二回は、昭和五年三月九日、私ども第二十八回生の卒業式に来校された時の訓話であった。「少年よ大志を抱け」というクラーク博士の名言を引用して、ひときわ語調高く話された。晴天の霹靂《へきれき》と言おうか、井中の蛙ともいうべき私どもを心底から激励し、将来に向かって大望を抱かしめるものであった。

卒業の門出に適《ふさわ》しい訓話であった。

五、校宝「至誠」の扁額に寄す

以下は、平成三年十月二十日発行の相馬高校馬城会報第二十号に掲載されたものである。「馬城会」とは、相馬中学校卒業生同窓会の名称である。

(1) はしがき

母校には、「至誠」の二字を大書した扁額がこの秋から改修された講堂に掲げられると聞いている。

この扁額の書は、わが相馬の郷土においては忘れてならない二宮尊徳の嫡孫に当たる二宮尊親が、北海道における開拓事業が一段落したので、お子様の教育のため相馬に帰られた折、特に母校相中のために揮毫されたものと伝えられる。私ども在学中は、あの柔剣道の意気高らかに心身を鍛えた講武堂に掲げられていたことを記憶する。

講武堂は、戦後講堂と改名されたが、この扁額はそのまま講堂に掲げられてあったところ、何等かの事情によって市立博物館に運ばれ、その地下室に眠ること久しきに及んだという。

それを先年の母校創立九十周年祝賀の際に発見したが、破損甚だしかったので改装して母校に収め、今秋から改修された講堂に掲げられることになったということである。

私はこの扁額を敢えて「校宝」と称して尊重しなければならないと考えるが、それはこの「至誠」の二字には、母校に学ぶ者にとって、極めて重大な意義がこめられていると考えるからである。

「至誠」の扁額

(2) 至誠の威力

「至誠」という言葉を哲学的に深化した文献は、『中庸』と『孟子』であり、『中庸』には「至誠神のごとし」のほか、「至誠」の偉大な力を説くことが多い。また『孟子』には、「至誠にして動かざる者は、未だこれ有らざるなり」と述べられている。

元来、「至誠」とは、「誠」の最大の極致を指したものと見られるが、前述の二書では「至誠」と「誠」の二つを相並べて説き、両者はほぼ同義に用いられている。

そこで「誠」という文字の意味を考えてみると、文字の成立から言えば、言と成とから成る形声文字で、「本心と一致する偽りのない言葉」というのが原義である。それから転じて「私心・偽りのないまごころ」という意味に用いられるようになった。

南宋の大儒朱子が、「誠とは真実無妄《しんじつむもう》をいう」と解しているのがそれである。ところが『中庸』では、この真実無妄な「誠」は、宇宙の万物を生成化育する天道の本体であると説く。

古往今来《こおうこんらい》、春夏秋冬の運行が正しく行われ、それによって万物を生成化育するという大事業を行っている。それが天道の誠である。そこで人間もこの天道に則《のっと》り、学問思弁《しべん》の功を積んでわが心を「誠」にして天道との一体化を図らなければならない。自己を完成するばかりでなく、他の人々をも物をも完成させることができる。

「誠は物の終始なり。誠ならざれば物なし」。宇宙のあらゆる万物は「誠」によって存在するとまで言っている。要するに「誠」すなわち「至誠」は、いかなる事をも成し得る偉大な力を発揮すると説くのである。

東洋における人生哲学として、これ程強烈に誠を説いているものはない。北宋の名儒司馬光が、門人劉安世に「一言を以て終身行うべきものは何であるか」と尋ねられた時、「それ誠か」

と答えたと言われる。それは『中庸』の説いた「誠」すなわち「至誠」をよく理解していたものであろう。

二宮尊親が「至誠」の二字を母校に揮毫された意図は、もちろん如上の意味をふまえてのことと推察されるが、特にこの二字を選んだのは、疲弊窮乏の極にあった相馬藩を救済復興させたものは、尊親の祖父尊徳とその高弟富田高慶の「至誠」によることを念頭に置かれたものであるまいか。

(3) 至誠一貫の尊徳と高慶

二宮尊徳の著述を読んでみると、尊徳の実行した興国安民の実学は、神儒仏の三教に基づいており、特に儒教の経典にかかわるものが多い。

尊徳は『中庸』の「誠」や「至誠」を引用するところが少なくなかった。これは尊徳の純真な天性に加えて、『中庸』によって感得する所があって、「至誠」をもって生涯を貫くことを信条とし、仕法実施の原動力としたものと考えられる。このことは、その高弟富田高慶が心血を注ぎ情熱を傾けて書き記した『報徳記』によって知ることができる。

改めて言うまでもなく、尊徳は幼少にして貧農の家に生まれたが、常人には見ることのできない誠実と勤労によって廃家を復興し、その人物と能力が小田原藩主に認められ、いわゆる「興国安民」の二宮仕法を実施して偉業をあげた。特に積年の疲弊によって窮乏の極にあったわが相馬藩の痛切なる懇請を受け、高弟富田高慶を遣わしてその救済に当たらしめるなど、尊徳の果たした偉業は枚挙にいとまがない。その実行した事業を一貫する精神的原動力は、一に「至誠」の二字であった。そのことは『報徳記』の中で繰り返し繰り返し述べられている。「その世を利し物を済《すく》ふこと、細となく大となく、至誠より出でざるは無きを見るなり」（報徳記巻四）という賛語は、最もよくこの間の消息を伝えている。

さらに注目すべきことは、尊徳の仕法を理論的に体系化した、高慶著述の『報徳論』の自序の中で、「それ先生の道は、至誠をもって本と為し、勤労を主と為し、分度を立つるを体と為し、推譲を用と為す」と述べていることである。これは二宮仕法の骨子を、至誠・勤労・分度・推譲の四綱領にまとめて、その相関を述べたものである。この四綱領は並列的関係にあるものでなく、「至誠」が他の三者の根本原理、原動力であることを示している。

要するに、尊徳の仕法は、その活動の実際面からみても、はたまた理論的に考察してみると、尊徳の実行してきた仕法は、理論的にも「至誠」が基本をなしているというべきである。

「至誠」をもって一貫しているということができる。

次に富田高慶についても、その生涯にわたる相馬藩復興の情熱と仕法の実際的活動は、その師尊徳と軌を一にしていたというべきである。相馬藩の窮状、座視するに忍びずとし、僅か十七歳の若年で単身江戸に上り、あるいは碩学の書生となり、あるいは大儒の門を叩き、日夜苦学精進して相馬藩救済の方策を探求した。その言語に絶する苦行は一に高慶の至誠に発するものであり、興国安民の術を実践する尊徳の門を叩いて入門を請うこと半年にわたったという。漸く入門を許されたというのも高慶の至誠が尊徳の心を動かしめたものであった。

世に「類は友を呼ぶ」といわれるが、至誠の人富田高慶は至誠の人二宮尊徳の門人となることができたのである。

高慶が尊徳の許しを得て、その代理として郷土相馬藩に仕法を実行すること二十七年もの長きに亘った。領内二百二十六ヵ村のうち、仕法に着手したもの百一ヵ村、そのうち五十五ヵ村が見事に完了し、かくて相馬藩は救済され復興したのである。この仕法実施における高慶は、尊徳の師教をしっかりと遵守した。即ち綿布飯汁の質素な生活を守り、私利私欲を図る事なく、専心仕法の実施に精根を打ち込んだものである。これを支え一貫するものは実に「至誠」の二字であった。

要するに、相馬藩の救済と復興は、尊徳と高慶の「至誠」によって達成されたものと極言できる。

この事情を熟知しておられた二宮尊親は、ここに思いを致し、「至誠」の二字を揮毫して相中に贈られたものではないだろうか。

(4) 校訓としての至誠

思えば、二宮尊親が母校に贈られた「至誠」の二字の意味するところは深遠である。さればこそ母校は旧制の時代の生徒心得綱領の第一に「生徒ハ至誠以テ己《おのれ》ヲ尽クシ真摯《しんし》以テ事ニ当タルベシ」と至誠の二字を掲げた。現在も校訓の第一として「誠実」の二字を掲げ、「旧相馬藩の二宮仕法の根本精神である至誠（まごころ）の心情を基本にすえ誠実とした」と解説している。まさしく二宮尊親の意を酌《く》まれた校訓というべきであり、この扁額を校宝と称する所以《ゆえん》もここに存する。

母校に学んでこの扁額を仰ぐ諸君は、その意味するところに思いを致し、今日の学業の充実と将来の活躍の上に役立てて欲しいと切望してやまない。

（文中、敬称略、平成三年十月二十日発行「相馬高校馬城会報第20号」より）

六、中学における黄金時代

昭和四年四月から、いよいよ中学校最終学年、第五学年を迎えたが、この第五学年は私にとって記念すべき黄金時代でもあった。

学業について言えば、入学以来首席であったし、生徒会の幹事長ともなり、また柔道部の主将でもあった。

幹事長となった時に、五年生の級友に固く約束したことは、五年生が下級生に私的制裁を加えぬということであった。当時は母校ばかりでなかったと思うが、五年生の特権として品行問題がある下級生に対し、全校生を集めた講堂（講武堂と称した）で、問題のある生徒を呼び出して制裁を加えたものである。当然制裁を受けるべき者もあったが、しかし制裁を加えることには、私自身入学当初から反対であったので、この弊風は自分等が最高学年となった時は、ぜひとも廃止すべきであろうと考えていた。幹事長となって生徒会の活動を統率する立場に立った私は、それを禁止することを主張したので、全く廃止はされなかったものの、従来に比して著しく少なくなったことは事実であった。

母校の年中行事の第一は、五月七日の創立記念日に、四キロほど離れている海岸の原釜までマラソンをやり、ついでその隣りの海浜の尾浜で相撲大会を行うことであった。各クラスの対抗試合の他に、全校生の五人抜き相撲をやったものである。その五人抜きの勝ち抜き戦というのは、勝った者に対して、どこからでも不意に乗じて攻めかかってもよいというもので容易に決着のつかないものであった。ところが何と私が優勝したのである。柔道部の主将の面目をかけて堂々と五人を勝ち倒した。全校生徒の前で拍手喝采を受けて授与された賞品とは、何と砂浜の中に埋めて置いた夏蜜柑一つであるのには驚いたものであった。ただ、それで五年生、しかも柔道部の主将の面目が保たれたのは嬉しいことであった。

また、母校の年中行事の第二は、秋の彼岸の中日（九月二十三日）に、陸上大運動会が開催されたことであった。母校に進学を希望する付近の小学校十数校の選手を集めて、ランニングで優勝旗を競わせたもので、それらの小学校の生徒、さらに県立相馬女子高等学校の全校生及び父兄など大勢の見物人が集まって盛大を極めたものである。母校自身の行事というよりは、相馬郡全体の行事の一つとなっていた。

この輝かしい運動会の開会式には、校旗を捧持《ほうじ》する旗手は花形で、軍装した一個分隊の擁護のもとに、喇叭《らっぱ》を吹きながら母校から会場の二の丸（昔藩の軍勢の勢揃いした所で、廃藩後は公の運動場となっていた）まで、堂々と行進するものであった。その旗手は五年生の成績最優秀生が選ばれたが、光栄にも私がその伝統に輝く旗手であり、我ながら颯爽たるものだったと思った。

前述のように、私は柔道部の主将を命ぜられていた。母校は開校以来、質実剛健、尚武の精神を教育の目標としており、実際に柔剣道部は県下でも優勝校としての伝統を堅持していた。従って毎日の放課後は勿論のこと、夏の休暇には校内の寄宿舎に合宿して猛練習をしたものである。

次に、年中行事の最大のものは、秋に行われる福島県下中等学校の体育大会であったが、陸上と柔剣道の試合が中心であったと思う。

元来母校は、柔剣道を特に重んじたからであろうか、第三学年から柔剣道の優秀な者を「柔道部の助手に命ず」「剣道部の助手に命ず」という任命式があった。私は三年生の時から柔道部の助手に任命されていた。随時行われた他校との試合には四年生の時から出場していた。しかし五年生の時に主将として出場するのは、その任やきわめて重大で、母校の名声にかけても優勝しなければならないという責任感があった。

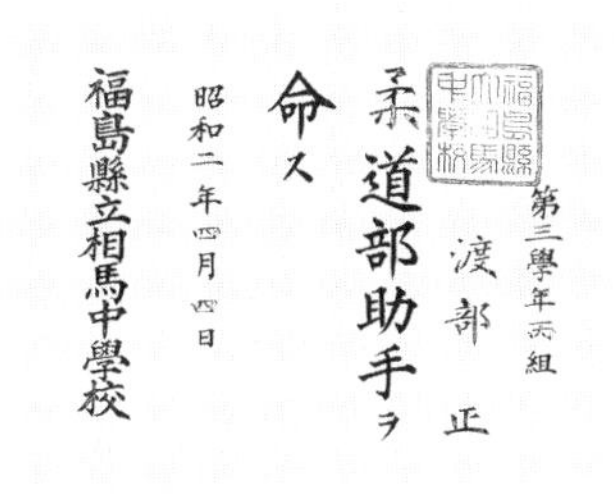
第三學年丙組 渡部 正
柔道部助手ヲ命ス
昭和二年四月四日
福島縣立相馬中學校

柔道部助手の辞令

五年の時の大会の会場は白河中学校であった。出発する前日、出場する柔剣道部の選手は校長引率のもとに、旧相馬藩の守り神の妙見神社に参詣し、奥の神殿で神官のおはらいを受けて必勝を祈願したものであった。

私どもの時は、試合の方式が変わり出場校を二班に分け、五将から主将までの五人は、それぞれ同位の者と試合することになった。私どもは第一班で九校あり、強敵会津中学もその中に加わっていた。

五将・四将はそれぞれよい成績を収めたが、三将が二試合目に怪我をして残る六校との試合を放棄せざるを得なくなってしまった。これは大変不利なことで、優勝するには副将と主将が大いに頑張らなければならなかった。

小身ではあったが、私は立ち技は大外刈りを得意とし、寝技は誰にも負けないという自信はあった。大抵、出場の他校の主将は有段者の黒帯が多いが、母校では容易に黒帯を与えず、私は一級として赤帯で出場していた。

いよいよ試合開始。私は一校にも負けまいと心中に期するものがあった。一番の強豪は背負い投げを得意とする会津中学の主将であった。私は六番目の試合までは敵の主将を得意とする大外刈りで試合開始後僅か一分程度で投げ飛ばす好調さであった。いよいよ山場がやってきた。

七番目の試合相手が会中の主将であった。立ち技では、背負い投げが警戒されたので、寝技に持ち込もうとして、わざと小内刈りをかけて自ら倒れるや、策にかかった彼は私を寝技で押さえ込んだ。私は自信があったので、審判が「押さえ込み」と掛け声をかけると同時に、ころりと彼をころがして上になり、そのまま四方固めの押さえ込みに転じた。彼は勿論有段者であったが、寝技は得意とせず、私に必死に抑えられるや身動きができなくなった。会心の勝利、大成功である。師の笠原先生に目をやると「よくやった」と言わんばかりに頷かれたのがとても嬉しかった。

さあ、残すはいよいよ最後の一試合となった。流石に七人を続けざまに倒した私には疲労が甚だしかった。腕がかたばって思うようにならない。出場した母校の選手たちに揉んでもらった。

八人目の試合が開始された。得意の大外刈りも敵は警戒して効果がなく、さればと寝技に誘いこんでも逃げ廻って乗ってこない。現在のルールなら当然「指導」があると思うが、当時はそういうルールはなかった。とうとう時間がきて引き

相馬中学校柔道部時代（中列向かって右より３人目）

分けに終わってしまった。八校との対戦で七勝一引き分けの成績で、これが勝ち点の差で第一班では私たちが第一位を占めることになった。

無事主将の大役を果たし、青春の感激ここに極まれりという境地であった。

第二班との第一位を競う決勝試合はなかった。どうしたものか優勝というものではなく第一等賞という賞状をいただいたが、実に嬉しかった。私の当日の成績は、初段・二段という対戦相手の有段者を見事に投げ飛ばしたことから、直ちに講道館初段を推挙された。

青春の真っ只中、中学時代のたぎる血潮は、かくてこの大会で終焉《しゅうえん》を告げたのである。私は後にも述べるように臨時応召で北支の野に戦い、敵の機関銃弾を数発被弾し、瀕死の重傷となった。出血多量のため、軍医も「見込みなし」と宣言したのが輸血によって九死に一生を得たのである。あの重傷出血に助かったのは、日頃頑健であったことによると思われるが、中学時代家庭にあっては農業の手伝いをやり、学校では柔道で鍛えたことによるものではないかと思われる。

中学時代、今は高校時代に該当するが、その頃の心身の鍛練は一生を支配するものと思う。

◇閑話休題 —— その罪を悪んでその人を悪まず

母校五年生の幹事長時代に起こって今も忘れ得ない事件がある。それは昭和四年八月の初旬であったと思う。柔道の稽古を終えて帰宅した夕刻、校長からの命令ですぐ登校せよとの連絡を受けた。登校してみると、校長・教頭・三人の学年担任（級監）と風紀係の先生たちが校長室に居並んでおり、容易ならざる事件が勃発したことを直感した。

長谷校長は、落ち着いて低い声で事件を説明した。その処分について幹事長としての意見を参考までに聞くということであった。

その事件というのは、五年生の同級生八人が日ごろ仲の良い交遊を続けていたが、この八月の休暇に無銭旅行を企画した。そしてその旅行に必要な物品を町内の商店から盗み取り、目下警察署に拘留されているということであった。彼等のやった行為は、商店の前の道路で仲間の三、四名が激烈な喧嘩口論をする。すると店の番頭たちはそれ一大事件とばかりに店を留守にして道路に出て眺める。その隙を狙って残りの三、四人が欲しいものを盗み出すというやり方であった。それが発覚して八名が警察署に拘留され、校長に連絡があったというのである。その八名は私も親交があり、成績も決して悪い方ではなかったが、かかる非行を計画して拘留されているとは夢にも思わない不祥事件であった。

学校では、今までにない悪質な非行であるから、この八人を退校処分にするというのが原案で、幹事長はどう思うかということであった。

このような事件は、本来ならば学校当局が処理すべきことで、生徒代表の意見を求めるとは、今にして思えば極めて近代的民主主義的な考えであった。

私は校長の説明を聞いて、しばらく考えてから恐る恐る答えた。

お話は初めて承りびっくりしました。退校処分は当然のことと思いますが、もう半年もすれば卒業するのです。只今退校処分を受けたら、受け入れてくれる学校もないでしょうし、第一彼等の一生が駄目になるかも知れません。学友として忍びないことです。彼等は決して悪人ではありません。思慮が足らず、軽率にやったことと思います。

私は全責任をもって彼等を善導しますから退校処分にだけはしないでください。

と、それこそ涙をふるって嘆願した。すると校長は「よし、わかった。退校処分にはしない。あとは任せてほしい」ということで帰宅した。

まもなく校長は八人の拘留を許してもらい、且つ新聞沙汰にしない様に配慮してくれた。八人を何日間かの停学謹慎処分にして、事件は落着した。

今にして思えば、長谷校長は禅の大家であるだけに、偉大なる救いの手を施したものである。私は後に教育者になってから校則を犯して退校処分に該当する者があっても、厳しく叱責はするが退校処分だけは絶対にしない方針を取った。これは中学時代における長谷校長の影響を受けたものであったかも知れない。序《つい》でながら恩師諸橋轍次先生の追憶談に触れると、先生が教育界の一生をふりかえって後悔することは一つある。それは自分が担任した学生を退校処分にしたことである。どうして救い得なかったのか、その後本人はいかなる人生をたどっているか心配でならない、ということである。

人を教育することは、人の一生を無にするようなことがあってはならない。厳しく罰してよい結果になるなら、それは確かに当を得たものである。しかしそれによって、本人をして自暴自棄にさせ、社会的に葬られるようなことになるなら、それは慎重にしなければならない。

「その罪を悪んでその人を悪まず」と言われる古語は、道理あることである。

七、禍福は糾《あざな》える縄の如し

昭和五年三月九日、私は思い出多い相馬中学校を卒業することになったが、七十年経った今でも当日の感激が忘れられない。学業は創立以来の成績ということで、相馬奨学会寄贈のスイス製の懐中銀時計、五か年間級長勤続賞、柔道に精励したということで旧藩主相馬子爵家寄贈の羽織地一反を授与され、全卒業生を代表して答辞を読んだものである。全賞を独占したなどと言われ、新聞にも報道された。

「禍福は糾える縄の如し」と言われるが、卒業式の輝かしい栄誉も長くは続かなかった。というのは、卒業後に行われた第二高等学校の受験に失敗するという惨事に会って母校の名声を汚したからである。

そもそも上級学校への進学は両親が反対であった。それは百姓を本業とし、しかも不景気の世の中であった。それに加えて兄どもは成長しては病死する者が多かったので、両親は将来の方針をどう考えたのかは分からないが、口癖のように、上級学校には進学しないでほしいと言った。

そこで私も心中で迷うところがあった。たとえ受験に合格しても両親は反対するであろうという懸念は常に脳裏を去らなかった。そこで私は、いわゆる受験勉強はしなかった。それでも母校で実施する進学の模擬試験では大抵トップであったから、第二高等学校なら合格できるという自信もあった。もし合格すれば、両親を説得できるかも知れないと考えて受験したのであった。

しかし発表は意外にも不合格であった。瞬間千仞《せんじん》の谷底に一気に落とされた様な挫折感に襲われた。第一に、母校に申し訳ない。何とお詫びしたらよいであろうとの自責の念で一杯であった。あんなに進学に反対していた両親も実は残念でならないような様子であった。

そこでどうしようかと考え、第一に母校で私のことを案じておられた柔道の笠原先生を訪ねた。先生は流石に大人であった。一度の失敗なんか、人生にとってさして重大ではない。考えてみたが、君の才能なら早く出世できる道がある。高校から大学と六か年などかからないで、その半分の三か年できっと成功できる。それは中央大学の第二部（夜間部）の法学の専門部に入学するとよろしい。その願書用紙ならここにあると言って示された。笠原先生は四高から東大の法学部を卒業された方であるし、柔道では心身共に鍛えていただいた尊敬し、信頼できる先生であった。

よし、それなら中央の専門部に決めたと決心してその手続きを取った。

勿論すぐ無試験合格であった。ところが、母校の先輩は有難いものである。その中央の専門部に在学中のさる先輩が、また自分の同級生で東大に在学中の方を連れてきて私を説得した。中央の専門部に入学するのも一方法かも知れないが、高文の試験に合格しても他の三年制の大学を卒業した方と比較されて不利であるかも知れない。やはり、思い直して高校から東大に進んだ方がよいと極力私を説得した。私は何れにすべきか、二者択一に迫られた。また相中では一級上で、二高に在学中の先輩がわざわざ訪ねてきて、高校志望なら中学校の教科書中心の勉強では合格しない。京都の出版社から出ている参考書をマスターすれば、きっと合格できるということを進言してくれた。

そこで私は考えた。第二高等学校の入試に失敗した汚名を雪《すす》ぐには、それに合格すればよい。いや二高より難関な第一高等学校に入学すれば汚名は挽回できる。よし、第一高等学校の受験に決めたと決意し、その旨を心配してくれた方々に報告し、いよいよ受験勉強に着手した。

私の受験勉強法は、二高在学の先輩のご指導に従ったもので、そのチャート式の参考書を国語・漢文・英語・代数・幾何と五冊購入した。しかしその前に中学校で学習した第三学年から五学年までの教科書を復習し、それから参考書を精読しようと考えた。

この受験勉強は四月早々から着手され、約一か月で教科書の復習は完了し、各科の正当的知識を再確認した。

いよいよ参考書の勉強に入ろうとした所、農家は植えつけの農繁期に入った。家においては勉強はできないというので、さる家の離れの一室を都合してもらって勉強に専念したのであった。ところが、ある日突然父が訪ねて来て、田植えの準備の水田の馬耕と代掻きだけは手伝ってほしいと言った。

やむなく家に帰ってその手伝いをした。約一か月ほどこれに専念し、六月からまた、その離れの部屋に戻った。今度こそ本格的な受験勉強に着手した。

その勉強法は、各教科の参考書を一科目ごとに二時間ずつに割りあて、朝食前、午前、午後、夕食後と可能な時間割を作り、運動は夕食前の散歩と決めた。時には母校に行って柔道の軽い練習もした。

このチャート式の参考書は、実に懇切で急所を指摘していたので自分ながら勉強が面白くなってきた。一度読んで安易に理解できない箇所は精読して赤線を引いて置き、後で再びその箇所だけを復習することにした。私は特に数学の力が足りないように思われたので、代数・幾何の参考書は念入りに精読した。

この第二段階の勉強法を続けること六月、七月、八月の三か月であったが、これを終えた後の私は自分ながらに実力がついたという自信を持つことができた。そこで九月からは、進学入試の模擬試験を通信で受験した。

数学は特に難問集などを求めて、一層実力の養成に努力した。通信の模擬試験でも各科目とも常に上位の成績を収めたので、ますます自信を高めることができた。

そのころであったと思うが、偶然夏休みで帰郷していた東京高等師範在学中で母校出身の持舘泰先輩に会って受験の相談をすることができた。その方の話では第一高等学校に入学希望なら、その力試しに東京高等師範学校を受験してみるがよい。それに合格できるなら、一高の受験に合格できるというのが受験界の常識である。一つの試みに東京高等師範を受験してはどうかと言って帰京して、早速高師の受験書類を送ってくれた。先輩とは実に有難いものである。この持舘先輩は後に出征して軍功をたて、母校の校長にも赴任し、郷土の後輩の教育に貢献された方である。

さてその年の高師の受験案内を見ると、本年度の歴史は東洋史であることがわかった。それに高師の入試には毎年算術が出題され、それの第三問を回答できるものは、数学科（理科第一部）を受験する者くらいであるから、それに時間をかけない方がよい。他の問題の解答を書き終えてからにせよという注意も先輩から受けていた。尚、私の選んだ志望学科は文科第二部の国語漢文専攻学科であった。

試験は十二月二十五、六日の両日でなかったかと記憶する。何せ東京に出たことのない田舎者である。日本大学に通学している親戚の方に連絡して、省線で高田馬場駅から大塚駅、それから市電に乗って窪町で下車して受験した。一度案内してもらって、その日の午後と翌日は一人で通ったが若干心細い感じがした。大塚駅前の天祖神社の社木が高く聳え、それに鳥が止まっていたのが今も印象的である。天祖神社と言えば、鳥居に刻んである書は、終戦時の名宰相であった鈴木貫太郎海軍大将の揮毫であった。

後年のことになるが、私が高師の附属中学校で担任をした嫡孫が第一高等学校に入学した折、当時は侍従長であったがお礼にといって「天空海闊」と揮毫した書を頂き、今も家宝として大事に保存している。

八、母校における三大師恩

東京高師合格者の発表は、翌昭和六年一月下旬ころであった。受験の成績は、自分の推量では優に八十点程度は解答できたから合格できるのではないかと考えていたが、この受験でお世話になった持舘先輩から合格の打電があった。高師に入学する考えはさらさらなかったが、やはり嬉しかった。特に結果を案じていた両親の喜びは只ごとではなかった。

そこで今度はいよいよ本番の一高の受験である。早速母校に連絡して入試に必要な書類の交付願を出したところ、その翌日であったか、長谷訥造校長から話があるというご連絡があった。

校長のご家族は仙台市にお住まいで、校長は単身赴任でさる旅館に仮寓されていた。そこでその旅館に校長を訪ねると、開口一番、一高に入って将来何になる希望かと問われたので、一高から東大に進んで官僚として活動してみたいと答えた。ところが、長谷校長の曰く、「官界で活躍するのもよいが、それよりか、学者・教育者になる方が君の性格に適していると思う。一高の受験は反対である。高師から文理大に進みなさい。そこには東大に遜色《そんしょく》のない立派な学者がおられるから、そこで勉強すれば、きっと道は開ける」と言われた。

事の意外さにびっくりした私は、ぜひとも受験させてくださいと幾度も懇願したが、校長はそっぽを向いて賛成してくれなかった。不満ながら、やむなく一応引き退ったものの、どうしても諦め切れなかった。翌日の夕刻も校長を訪れて懇請したが依然として賛成してくれない。またやむなく引き退ったがどうしても納得がいかない。また、その翌夕校長を訪問したが、これまた前と同様であった。しかしこれが最後と思って泣かんばかりに懇請したところ別れ際になって、「それほどいうなら受けて見るのもよかろう。しかし一高に合格しても高師に進んだ方がよいと思う」と念を押された。

帰宅して数日後、母校からの書類を頂いた私は、一高に願書を出してやれやれと胸を撫でおろしたが、ふと考えた。長谷校長は東大で印哲を専攻され、禅の大家でもあり且つ同級生を退校処分にもしなかった、尊敬する大先生である。あれほどまでに私を説得するからには、私について何か見る所があるかも知れない。自分は世間知らずの田舎者である。ここは校長のご意見に従ってみるべきではないかと冷静に考え直し、ついに一高は受験せずに終わったのである。

私が当時、一高・東大を希望していたのは、官尊民卑の考えの強かった当時の風潮に左右されていたのかも知れない。禅学を修め、人生のあり方を悟っておられた長谷校長の目には、確固とした人生哲学があったのかも知れない。

自分なりに結論を出し、高等師範に進んだ私は、やがて文理科大学の漢文学科に進み、後に述べるように世界的な漢学者諸橋轍次先生のご指導を受けて、漢学一筋の生涯を送ることになるのである。且つ諸橋先生のライフワークである『大漢和辞典』の大事業に六十年もの長い間従事することができたのも、言うならば長谷校長の導きに因るものであった。思えば長谷校長は、私の母校相中における第一の恩人というべきである。

長谷訥造校長

母校相中における第二の恩人は、在学中に漢文をご指導してくださった石川虎之助先生である。先生は前にも触れたように、独学検定合格の国語・漢文の先生であった。若い時は農仕事に従事したが、みんなが休憩する寸暇をも利用して畦《あぜ》で本を開いて勉強したと言われる。二宮金次郎そっくりの先生であった。独学とはいえ、その学殖は特に漢文においてすぐれていた。

よくチョークで板書され、噛み砕くように懇切に指導されたが、その隙をねらって不心得の者は窓から外に脱走していた。授業の終わるころには、教室に残る者が半数程度になっても、先生は一向に頓着《とんちゃく》しなかった。私は級長であったからそんな非行はできなかったし、第一先生の講義そのものに心が惹かれていた。先生の朗読は素晴らしいもので、それを拝聴するだけでも深い感動を覚えた。石川先生は上級学校へ進学を志す者の実力養成のために、生徒控室に入試問題を板書して掲げ、昼休みにはそれを詳しく解読してくださったものであった。その時には上級生が雲集して聴講したものである。

私はこの石川先生の漢文の授業に、知らず識らずの中に心惹かれていたことは事実であった。私が高等師範を受験する時に国語漢文科を選び、高師第三学年から文理科大学に進学する時も漢文学専攻科を選び、生涯漢文学の研究に従事するようになった因由《いんゆう》の一つは、やはり中学時代の石川先生の漢文の授業に薫化《くんか》されておったためではないかと思われる。

勿論、石川先生以外にも国語・漢文の先生が多数おられ、その中でも母校第一回卒業の高野藤三先生の漢文の授業も興味あるものであった。しかし漢文の授業は石川先生の方が多かったので、漢文嗜好は石川先生の影響薫化を受けることが多かった。私の学問の師として母校相中における第二の師は石川虎之助先生である。

次に、母校相中における第三の師恩は、柔道を指導された笠原三弥先生である。先生は栃木県宇都宮のご出身で、柔道の名門金沢第四高等学校の選手で活躍され、東大の法学部を卒業されていた。当時は不況の時代であったことからであろうか、私たちが中学二年の昭和二年二月の時にわが母校に赴任され、英語と柔道を担当されたが、柔道において学ぶ所が多かった。

先生は豪放磊落《ごうほうらいらく》で、高等学校時代の名残りであろうか、和服姿で手拭いを腰に下げて天空を仰ぎながら悠然として道場に通う姿が魅力的で、生徒一同から圧倒的人気を博したものであった。

私は三年の時から柔道部の助手を命ぜられた関係上、先生との接触が多かった。五年の時は柔道部の主将であったから、殊更《ことさら》先生に接する機会が多かった。先生の柔道は三段であったが、それは先生の主義で三段以上は求めなかったといわれるが、その力量はそれ程ではなかったのではなかろうか。

時には私どもに投げられる場合もあったが、寧《むし》ろそこが我々をして一層練習に励まして、強力な技を鍛練してくれたものである。柔道ばかりではないと思うが、高段者必ずしもよき指導者ではなく、段位は低くても人間的魅力があり、指導に熱心な方が却《かえ》って効果をあげるものである。名門宇都宮中学時代から柔道部の主将をされ、柔道で有名な第四高等学校時代も選手として活躍された先生は特に寝技を得意とされた。私が立ち技よりも寝技を得意としたのは、先生のご指導の賜物である。ある時、先生は「首絞めの技でどの程度まで我慢できるか、その限界を自覚しておく必要がある」と言って下級生の選手に私の首を絞めさせた。この練習で私は二、三度絞め落とされたが、その限界を悟ることができたのも、一に先生のご指導のお蔭であった。

前述のように、私どもが五年生の時代に県下の体育大会で第一等賞の成績を収めたが、実を言えば私どもの力量は、伝統ある相中の柔道部として決して優勝できるほどのものを持っていたとはいえなかった。それが優勝と同等の第一等賞を獲得できたのは一に笠原先生のご指導の然《しか》らしむるところであるといって過言ではない。絶えざる練習による強力な忍耐力と必勝の信念を養成してくれたのが笠原先生であった。これは柔道の試合ばかりではなく、私の人生を貫く一つの原動力ともなったのである。

私は若い学生時代は運動が必要であることを強く主張するものであるが、それは一に笠原先生のご指導の賜物と思われる。私が生涯を回顧して漢学に専念し、後に述べるように恩師諸橋轍次先生のライフワーク『大漢和辞典』の大事業に従事すること六十年に及ぶことができたのも、中学時代に鍛えていただいた不撓不屈《ふとうふくつ》の忍耐力があったればこそと思われてならない。

私は笠原先生に柔道で熱のこもった適切なご指導を仰いだばかりでなく、中学卒業後の進学についてもご指導を受けることが多かった。できることなら長く母校に留まってほしいと願ったものであったが、先生の学歴からも、先生は一地方の柔道の先生で終わられる方ではなかった。卒業生や在校生に惜しまれながらも、昭和九年三月、在職六か年半で福岡県古河鉱業所に人事課長としてご栄転になられた。その時私に音信を寄せられ「これからやり直しだ」と認《したた》められてあった。

その言葉を最後に、ついぞ先生にお会いする機会も音信を交わすこともない中に、先生は昭和十年八月二十六日、三十五歳の壮年で急逝されてしまった。誠に惜しみても余りあることである。

以上、母校相中における三大師恩について語ったが、母校における鴻大《こうだい》な師恩はこの三人だけではなく、その他多くの先生から数々の学恩を受けているが、ここでは特に私の生涯にかかわる大恩を受けた先生について述べた次第である。

この偉大なる恩恵を蒙《こうむ》った三先生に対し、報恩の機会を失してしまったことは、返すがえすも残念である。ただ一つ笠原先生については次のような報恩の機会に恵まれたことは幸いである。

笠原先生は、前にも述べたように柔道部を中心として相中の生徒の信望は篤かったのでその遺徳を偲ぼうと、戦後昭和四十五年に旧柔道部が発起して「笠原先生を偲ぶ会」をつくり、先生のご遺族を相馬にお呼びすることが計画された。しかし肝心のご遺族のご住所が不明で、事は容易に進行しなかった。そこで、先生のご遺族の住所を捜してほしいとの依頼が私に届いた。

私は笠原先生が九州の古河鉱業にご奉職後、僅かの年数でご他界になったことは、後にどなたからかの音信で承知していたが、先生のご遺族についてはなんの情報ももっていなかった。これは私の怠慢でもあった。伝える所によると先生のご遺族は東京にお住まいとのことであった。早速電話帳で笠原と名乗る家に片っ端から電話した。笠原姓のお宅は決して少なくはなかった。数日がかりで電話帳に記載されている笠原姓全部に電話したが、先生のご遺族を捜し出すことはできなかった。万事休すと諦めかかった時に、ふと思い出されることがあった。それは私どもが母校相中で柔道の練習をしていた当時、夏休みであったと思われるが、先生のご令弟で早稲田大学の柔道部の主将をされた笠原巌夫五段に指導していただいたことを思い出したのである。

これ幸いとばかりに、私は早稲田大学の学生課を訪ね、笠原巌夫五段の消息を調査した。ところが何と学生課ではその氏名の方は一切不明であるという。これには万策尽きた思いであったが、また一つの知恵が湧きあがった。

ご令弟が母校で我々を指導してくれたのは昭和三、四年頃であったから、その当時の早大の柔道部の方々の住所を名簿より控え、その全部の方々に笠原巌夫五段の消息を確かめる音信を出した。

反応は覿面《てきめん》であった。

笠原さんは、現在佐々木と改姓になり、新宿にある朝日生命保険の顧問をされているという返信が数通あったではないか。その時の喜びは言葉に言い表わし様がなかった。

早速朝日生命を訪ねて佐々木氏に面会することができ、笠原先生のご遺族が栃木県那須の烏山にお住まいのことが判明した。そこで佐々木氏に近々相馬にご遺族を招待する運びになるから、その時はご一緒にご光来をとお願いすると、喜んで同道するとのご快諾を得た。

話はとんとん拍子に進み、昭和四十五年九月十日、奥様のマサ様と長男の和雄さん（烏山町役場総務課長）及びご令弟の巌夫さんをお招きして、新地の朝日館で「笠原先生を偲ぶ会」を盛大に催し、ありし日の先生を思い思いに語り合って時の過ぐるのも忘れ、実に有意義な会であった。この席でご長男和雄さんから、次のような御礼のご挨拶があった。

母があいさつを述べるのが本当ですが、母は万感迫って胸が一杯ですので、私が代わりにあいさつをさせていただきます。御地での七年間が父の人生のすべてでした。人間性がとかく忘れやすいこのご時世に、四十年ぶりにお招きしてくださいまして、母も生きていてよかったと、とても喜んで新地にまいりました。父の死後、私たち一家は大連、新京、東京、栃木県烏山と渡り歩きました。母は細腕で私たちを育てるために人前では言われないほど大変苦労いたしました。今日のご招待に対し、この感激の気持ちは、とても言葉では言い表せません。二人の妹もみなさまによろしくと申しております。

これを聞いた私たちも感激そのもので、この会を今後数年に一度開くことを決定し、その後二回程ご遺族をお招きしてこの会が継続した。

惜しいことに佐々木巌夫さんは、あの感激の会が開かれた翌年十二月三日、六十五歳で他界された。私はこの会の後、家内と共に烏山にご遺族を訪ね、また宇都宮市八幡山神道墓地に永眠されている先生のお墓まいりをした。

笠原先生を偲ぶ会

更に昭和六十年十月二十六日に営まれた笠原先生没後五十年の墓前祭にも出席した。かくて笠原家とのご交誼は復活、続けられたのであるがその後ご長男和雄氏が昭和六十二年十二月三日に五十九歳で他界され、先生の奥様も平成十二年四月十一日に九十四歳で波瀾の生涯を閉じられた。

恩師逝いて六十五年、私の生涯忘れられない思い出である。

尚、笠原先生のご尊父笠原親文氏は、東大医学部を中途退学してドイツの医科大学に八か年学んで帰国し、福岡、秋田、栃木各県の県立病院長を歴任後、ご令弟二人と宇都宮市に私立共立病院を開設し、社会医療に偉大な足跡を残された方で、先生はその次男であった。

◇閑話休題 ―― 母校の後進に寄す

中学生という希望に燃える時代に拝聴した名士の格調高い訓話は、教育上極めて高く評価すべきもので、今日にいたるも忘れがたいものとなっている。後年私が『左伝の成立と其の展開』で学位を獲得した翌年の昭和三十七年一月二十七日に母校から要望されて母校の講堂で講演を行った。更に平成元年十一月、多年にわたり教育界にありて学術の発展と教育の振興に貢献した功績によって県外功労者として福島県知事から表彰を受けるや、翌年九月二日、またもや母校よりの要望により講演をしているが、果たして後輩をして刺激感動せしめたか否かは問題である。ただ私は母校の一先輩として漢文学一筋の生涯を送ってきたので「愚公山を移す」のたとえのように、不撓不屈《ふとうふくつ》、続けてやまぬ努力を積んでいることを後輩に訴えたかったのである。

平成十年十月三日に挙行された母校創立百周年の記念祝賀の式典に参加し、次の七言古詩体の詩を作って後進に寄せた。

祝母校創立百周年寄後進

馬陵城頭秋清涼　風景似舊菊花香
時哉母校百周年　追想鴻恩感無疆
至誠講武鍛心身　進取向上抱大望
春風秋雨百星霜　英俊済々振諸方
古人云後生可畏　信哉斯言須不忘
翹首相高後進友　切磋琢磨誓鵬翔

平成戊寅秋十月　東陵　鎌田　正

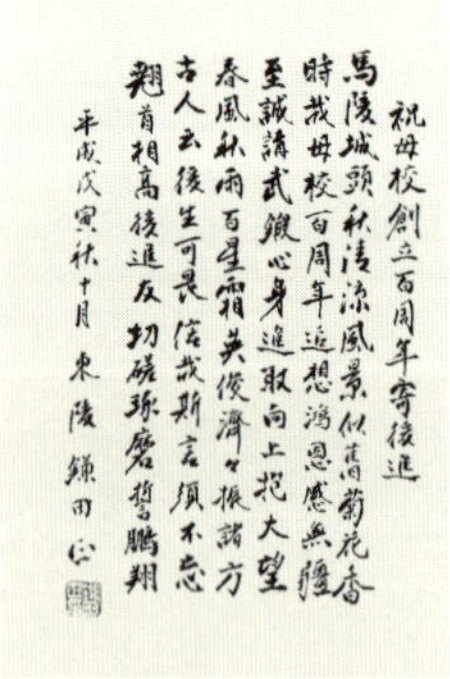

母校百周年記念の揮毫

（読み）

母校創立百周年を祝し後進に寄す

馬陵城頭、秋清涼、風景舊に似て菊花香し。
時なる哉母校百周年、鴻恩を追想すれば感疆《きは》まりなし。
至誠講武心身を鍛へ、進取向上大望を抱く。
春風秋雨、百星霜、英俊済々として諸方に振ふ。
古人云ふ後生畏る可しと、信《まこと》なる哉斯の言 須《すべか》らく忘れざるべし。
翹首《ぎょうしゅ》す相高後進の友、切磋琢磨《せっさたくま》誓って鵬翔《ほうしょう》せんことを。

注①馬陵城——旧相馬藩主の居城中村城の一名。
②至誠——相馬藩の大恩人二宮尊徳の嫡孫尊信の書。校宝として講堂に掲げてあった。
③講武——旧藩主相馬充胤の書。講武堂にあった書で、武道を鍛練する意。至誠と講武は、文武両道にわたる母校教育の要であった。
④進取向上——旧生徒心得綱領に、「進取以テ向上ニ努ムベシ」とある。
⑤古人云——古人は孔子を指す。『論語』、子路編に見える。
⑥鵬翔——『荘子』逍遥編に見える寓話で、北海に生まれた鵬《おおとり》は南方の海を目

指し、台風に乗じて九万里も天空高く舞いあがり、六か月も休みなく飛び続けるといわれる。母校の図南寮と名づけた寮歌にも「長風万里羽根うちて、坤輿《こんよ》の上に舞ひぬべき、ああ大鵬の意気高く、奮へや自治の建男児。」と歌われている。図南は「南するをはかる」意で、この寓話に基づいた言葉。鵬翔とは、その大鵬のごとく世界に雄飛する意。

第四章　茗校に学ぶ

ここにいう茗校とは、旧東京高等師範学校・東京文理科大学を指し、後には東京教育大学を指す。東京高等師範学校がもとお茶の水（茗渓）にあったことによる。

一、郷土の恩人富田高慶を知る

私の郷土相馬藩は六万石の小藩であったことによるのであろうが、郷土の偉人というべき人材に乏しいように思われた。小・中学校時代にも郷土の誇りとして推奨される人材を耳にしたことはなかった。

ところがそれが東京高等師範に入学した昭和六年六月ころであったと思うが、わが相馬には天下に誇るべき傑出した人材のあることが発見されて、大いにプライドを持つことができるようになった。

それは、私は高等師範学校に入学した当初から、相馬奨学会から月額二十円の奨学金を借り受けていたが、その奨学会の事務所は旧相馬藩主の邸内にあった。その奨学金を受領する為に、毎月新宿区下落合にある相馬邸に伺ったものである。当時の相馬邸は、旧藩時代の面影を伝える堂々としていかめしいものであり、奨学金を扱う事務の方は相馬家の家職として由緒ある家柄の人々であり、私には何となく近寄り難い畏敬の念を持っていた。二、三度お伺いする中に、家職の主席をつとめておられた半杭信雄《はんぐいのぶお》翁からお話を伺う機会があった。半杭翁はわが国、民権思想の先駆者として有名な相馬事件の首謀者として投獄されて犠牲となった羽根田永清（一八四〇～一八八三）の次男で、温厚な中にも毅然たる気概を持っておられた方であった。談たまたま相馬の偉人について語られた折に、これを読んでごらんと言われて、相馬家が秘蔵して未だ出版されていなかった『相馬偉人伝』の中の『富田高慶伝』を貸してくださった。墨痕《ぼっこん》あざやかに浄書《じょうしょ》されている高慶伝は、一語一語私の心を感動させずにはおかなかった。相馬にもこれほどの偉大な人物が存在したものかと、改めて郷土の誇りを持つと同時に、自分もかかる人物の後を追って働かなければならないという決意を抱かされた。

富田高慶については前章でも若干述べているが、二宮尊徳の高弟で、その報徳教を体得して長年疲弊の極にあった相馬藩を救済した方である。同時に『報徳記』を著して二宮尊徳の声価を世に広めたのは、この富田高慶がおられたからである。

高慶は、字《あざな》は弘道、通称を久助《きゅうすけ》と言い、任斎と号した。文化十一年（一八一四）六月一日、相馬中村（現相馬市）の藩士で学徳の高かった斎藤嘉隆の次子として生まれた。当時の相馬藩は天明以来の凶作や疫病などが続いて疲弊の極に達し、人口も収納米も往時の三分の一ほどに減少していた。高慶はこの窮状を座視するに忍びず、救国済民の悲壮なる大志を立て、その方策を求めるべく天保元年（一八三〇）、年十七歳にして江戸に上り、漢学にも造詣の深かった国学者屋代弘賢（一七五八～一八四一）の門に入った。次いで昌平校付儒者依田源太左衛門（？～一八五一）の塾生となって苦学すること多年、筆耕によって学資を稼ぎ、夜は布団を用いず、机によりかかって仮睡するという苦行を続けたが、藩を救済する良策を求めることができなかった。「天の将に大任を是の人に降さんとするや、必ず先ず其の心志を苦しめ、其の筋骨を労せしめ、その体膚を餓《う》ゑしめ、其の身を空乏《くうぼう》にし、行ふこと其の為さんとする所に払乱《ふつらん》せしむ」（孟子、告子下）と言われるが、当時の高慶はまさしくこの酷《きび》しい苦

富田高慶（佐藤朝山作）

境試練の中にあり、かかる辛酸《しんさん》によって健康を害し、蘭医磯野弘道の治療を求めた。ところが、弘道は高慶の相馬藩救済の志を聞いて感激し、互いに治国の法を論ずることが多かった。時に野州（栃木県）芳賀郡加草村の奥田幸民が磯野の門生であったが、高慶の憂国の志を聞いて感銘し、隣村物井村において二宮尊徳が衰村復興の法を実践して成果を挙げていることを高慶に語った。これを聞いて高慶は、この人こそ求めるわが師なりと直感し、直ちに物井村に尊徳を訪ねて入門を懇請したが直ちには許されなかった。そこで高慶は、その隣村谷田貝村の農民太助の家に仮寓して、そこから二宮の陣屋に通って入門を請い続けたが許可されず、やむなく垣根の外にたたずんで尊徳の講義を聴くこと半年に及んだ。この誠意が尊徳を動かし、ついに門弟として入門を許可された。時に天保十年、高慶二十七歳、相馬の郷関を出てから十年目であった。かくして高慶は二宮尊徳の門人となって専心その興国安民の法を体得し、二宮四大門人の筆頭となった。

やがて高慶は、疲弊の極にあった相馬藩に帰り、尊徳の教えである仕法（興国安民の方法）を弘化二年（一八四五）から相馬藩に次々と実施した。相馬藩二百二十六か村のうち、明治までに百一か村に及び、五十五か村は完成している。見事相馬藩を救済する偉大な功績をあげたのである。

また明治戊辰《ぼしん》の役には、相馬は一時東北諸藩の連盟軍に加担していたが、高慶は順逆の大義を弁《わきま》え、東奔西走して藩論を統一し、官軍に恭順の意を表して藩を戦禍から免しめることができた。

また、その著『報徳記』はよく二宮尊徳の生涯を伝え、尊徳を世に顕彰することができた。高慶あって尊徳あり、と言っても過言ではないと思う。

私はこの高慶の伝を熟読して、高慶を知ることの遅きを概嘆すると共に、我が郷土にかかる人材の存したことに深い感動と誇りを持つことができた。高慶は謙譲そのものの人で、みずからの功を誇ることがなく、郷土もまた進んで高慶の偉業を世に顕彰しなかったので、私はそれまでに高慶を知ることがなかったのである。男子たるもの、志を立てて努力すれば、高慶のごとき偉業を達成することができるという自信を持たせてくれたのは、実に高慶の存在そのものであった。

高師に入学当初、同級生同士の郷土紹介の折に、薩長藩出身の者は、あるいは西郷南洲を誇り、あるいは吉田松陰を語ったので羨望の念にたえなかった。しかしこの富田高慶伝に接した以降の私は、我に富田高慶ありとの誇りを持つことができたのである。今にして思えば、半杭翁がこの伝記の読みを勧めたのは深く考える所があったものと思われてならない。

二、高段者に油断あり

東京高等師範学校の校則では、その第一、第二学年の二か年は、桐花寮と称した学園内にあった寮生活を義務づけられていた。私が希望したわけではなかったが、二寮九室、文科理科の者で柔道を好む者が入室する文理科柔道部室に入れられた。すぐ隣の八室は、体育科の柔道を専門にする者の部屋であった。

私が入寮して間もないころ、隣室の柔道部の部員がストームと称して、真夜中に室内に乱入して、机上に大事にして並べて置いた書籍を窓の外に投げ捨てる乱暴にであった。それが一回ばかりでなく、恒例のように時ならず襲来するのである。神田の本屋に出かけて、やっと見つけ出した大事な書籍を投げ捨てられるのであるから、誠に憤懣《ふんまん》やる方のないものであった。しかし相手は柔道の高段者で泥酔しているので抗議のしようもない。嘉納治五郎先生は講道館館長として、また東京高等師範の校長として、稀世《きせい》の力量をもって高師の発展に尽力され、柔道の普及にも多大な貢献をされた方であった。

「柔道は人を造る」と言っておられたのに、この体育科柔道部の諸君のストームは何たることかと思い、柔道に疑いを抱いたのである。しかるに私の柔道史の中でも誇り得る一大珍事が起こった。

それは高師入学後間もないころの出来事であった。柔道の道場で稽古開始の劈頭《へきとう》、ご指導の先生永岡七段が、私に対して「さあ来い」と言われたので、「お願いします」と頭を下げて稽古に入った。恐れながらも先生と四つに組んだ自然体で足払いの小技をかけると、先生はいかにも柔軟な姿勢で応対されたが、何か一寸した隙に乗じて得意の大外刈りを全精力で掛けたところ、なんとそれが大技となり、先生を見るも見事に倒してしまった。

東京高等師範学校・東京文理科大学

先生が倒れた時、他の諸君も見ておったので、あるいは先生もしまったと思われたのであろうか、その後次々と技を連発されて私を倒された。流石に大家である。先生が掛けられる技は容易に防衛することはできなかった。しばらくご指導を頂いて「有難うございます」と座り直して頭を下げると、先生は「あとで教官室に来い」といわれた。稽古が終わってから教官室にお伺いすると、先生曰く、

「君は有段者だろう」と。

「はい、そうです。初段です」と答えると、

「今後は必ず黒帯を締めて来い」

といわれた。一瞬「高段者にして油断あり」と思わざるを得なかった。あとで体育科の柔道専門の先輩に聞いてみると、永岡先生を大外刈りで投げるとは聞いたことがない、素晴らしいことをやったものだと激称された。

永岡先生は後に十段に進まれた方であったが、私どもがご指導を受けた当時は七段で最も油の乗り切っておられた時である。

とにかく永岡先生を投げ倒したということが有名になり、私は実力以上の評価を受け、講道館二段に推薦された。しかし文理科柔道部員としては目立った活躍をしなかった。文理大三年の時は、柔道部の副主事、文理科の主将となった。定期的に行われる拓殖大学との対校試合において、相手の五段の主将と辛うじて引き分けの成績を収めたことが印象に残っているくらいである。

今にして思えば、あの時代にもっと柔道に精進すればよかったと思う。嘉納先生は、カイロでのオリンピックの会議に出席され、柔道を競技種目に加えることに成功された。ところがその帰途船中において急逝されてしまった。

嘉納先生七十八歳、昭和十三年のことであった。文理科大学を卒業後、私は嘉納先生のお宅の近くに住まっていたので、先生と一度、柔道についてお話したいと願っておったが、その機会には恵まれずに先生は逝かれてしまった。痛恨に耐えぬ次第である。

柔道は戦後一時、学校教育の正科から除外されるという誤った措置が取られた。今日では女子にも優れた選手が輩出し、また世界的なスポーツとなって盛行しており、嘉納先生にしてご在世であったならば、その喜びはいかばかりかと思われてならない。

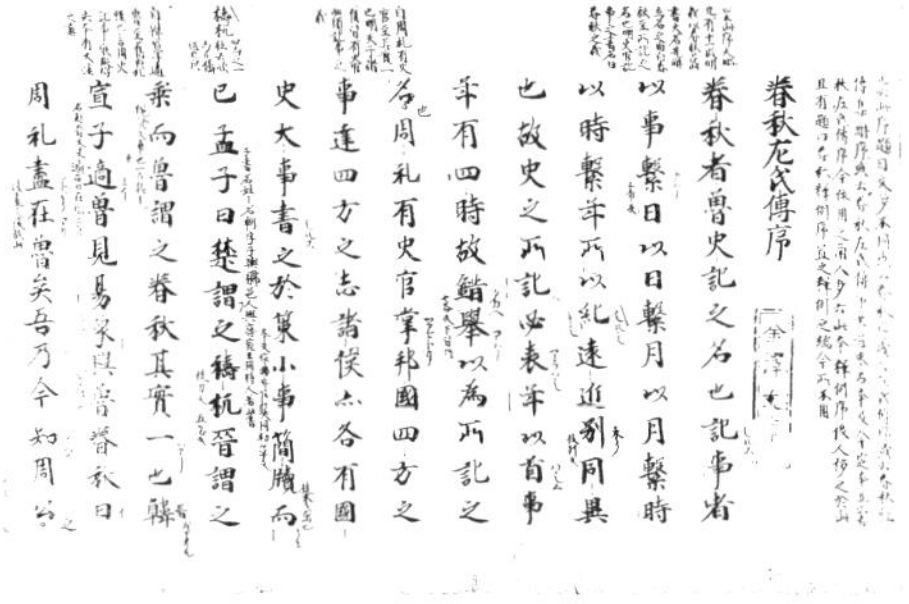
春秋左氏傳序
春秋者魯史記之名也記事者
以事繫日以日繫月以月繫時
以時繫年所以紀遠近別同異
也故史之所記必表年以首事
年有四時故錯舉以爲所記之
名周禮有史官掌邦國四方之
事達四方之志諸侯亦各有國
史大事書之於策小事簡牘而
已孟子曰楚謂之檮杌晉謂之
乘而魯謂之春秋其實一也韓
宣子適魯見易象與魯春秋曰
周禮盡在魯矣吾乃今知周公之

『春秋左氏伝序』（宮内庁書陵部蔵）

三、漢文学の研究に志す

(1) 初めて諸橋先生の講義を受く

前にも述べたように、私が漢文に親しんだのは、中学時代の石川虎之助先生の博識と熱心なるご指導の影響によるであろうことは否定できない。しかし高等師範の国語漢文科に入学した当初は、国文古典にも興味を持って神田の古本屋を廻っては平安時代の国文古典を購読していた。国文古典を専攻しようかと心動いたが、漢文学を専攻したのは昭和七年四月以来、当時学内で碩学《せきがく》としての名声が高かった諸橋轍次先生の『春秋左氏伝』の講義を受講してからである。先生は講義の最初に、

孔子が作った『春秋』を左丘明が解釈した。これを『春秋左氏伝』という。『春秋左氏伝』は難解であるので、これを解釈したのが晋の杜預《どよ》の『春秋経伝集解』である。ところがこれがまた難解であるから諸橋先生が講義する。

と、度肝を抜くようなことをお話された。それから杜預の名文、『春秋左氏伝序』を滔々《とうとう》と朗読された。「春秋は魯の史記の名なり」から始まる朗読は、二十分余に及んだことであろうか、その円転玉を転がすがごとき玲瓏《れいろう》たる声調で一気に朗読された。一同沈まりかえってその朗読に聴き入り、内容は分からないが『春秋左氏伝』は尊い古典であるという印象を強く受けたのであった。しかも先生の講義は他の先生と一線を画し、分からない所は「これはわからん」と明確に指示し、事、質問に及べば、懇切丁寧に板書して説明された。『春秋左氏伝』はもと古文といわれたので、その「古文学」と「今文学」との相違などを精しく板書されて説明されることもあった。私たちは、その板書の文字の素晴らしいことと、その学殖の深いこととに敬仰措《お》く能わざるものがあった。村夫子然《そんぷうしぜん》として素朴にして外面を飾ることのない先生の人柄にも

心惹かれることが多かった。私自身、この先生について漢文学を勉強しようと思ったのは、実にこの講義に接してからであった。

そこで当時、高師は四年制度であったが、第三学年を終了すると文理科大学を受験できたので、米山君と共に文理大の漢文学専攻科を受験して合格した。

(2) 文理大合格と『春秋繁露《はんろ》』

合格が発表されたのは、昭和九年三月中旬の夕方であった。早速、郷里の両親に知らせると共に、合格の記念として何か読むべき良書はないかと本郷の文求堂という漢籍専門店に行って書籍をあさっている中に、『春秋繁露』という春秋学を説いている書を見つけた。この書は前漢武帝時代に儒教を国教化させた『春秋公羊伝』の大家董仲舒《とうちゅうじょ》の著わしたものであるが、実はそれまでに読んだことのない典籍であった。開巻第一の楚荘王《そのそうおう》篇などを流し目に読んでいる中に、『左氏伝』とは異なる春秋の思想を述べているのに深い感銘を覚えて直ちに

不予專討也
不予專地而封
董子春秋繁露卷第一
漢太中大夫膠西相董仲舒撰
楚莊王第一
楚莊王殺陳夏徵舒。春秋貶其文。不予專討也。宣十一年書楚人殺陳夏徵舒靈王殺齊慶封。而直稱楚子。昭四年何也。曰莊王之行賢。而徵舒之罪重。以賢君討重罪。其於人心善。若不貶。孰知其非正經。春秋常於其嫌德者見其不得也。嫌德本或作嫌得案二字古多通用是故齊桓不予專地而封。僖元年齊師宋師曹師次于聶北救邢公羊傳曰君則其稱師何不與諸侯專封也曷爲不與實與而文不與文十四年諸侯城緣

『春秋繁露』

購入して帰宅した。その後の数日はこの書の読解に夢中になった。文理大の卒業論文に「漢代春秋公羊学の研究」と題して執筆したのは、この『春秋繁露』が貴重な資料であったし、また文理大において諸橋教授が『公羊伝注疏《ちゅうそ》』を演習されたことも直接的に大きな影響を受けたのであった。

私は後年『左伝の成立と其の展開』について論じ学位を得ているが、それは『公羊伝』が春秋学の正統としての地位を西漢以来獲得していたのに対し、それより後出の『左氏伝』が、『公羊伝』とその優劣を争い、やがて春秋学の正統的地位を得ておるので、その実態を究明しようとしたものであった。

(3) 漢籍読解力の養成

私が東京文理科大学漢文学専攻科に入学した当初、最も苦労したことは漢籍読解の学力不足であった。当時は、漢籍の読解力養成のために漢唐注疏の集大成ともいうべき『十三経注疏』の演習が授業の中心であり、それに漢学の識見を高めるために清朝考証学の読解が行われていた。私の受講したものに就いて述べれば、島田鈞一講師（漢文学科創設当時の主任教授）の『儀礼注疏』、諸橋教授の『漢学師承記』、『公羊伝注疏』、内野台嶺助教授の『礼記《らいき》注疏』『周礼注疏』『東塾読書記』の講読演習が主で、外に服部宇之吉先生の『東洋倫理』、安井小太郎先生の『日本漢文学史』、瀧川亀太郎先生の『文選』の講義などであった。

当時の先生方は文理科大学創立間もないころであったから、他大学の卒業生に比較して遜色のないように留意され、右の漢文講読の外に先生のご自宅で夜間に輪読の会を設けられてまでご指導された。諸橋先生は『宋元学案』を、内野先生は『孝経注疏』をそれぞれ一か年ずつ担当、指導してくださった。

この輪読会は、教室の授業と違って融和な雰囲気で、終了後は先生を中心として広く漢学のお話を伺うのが極めて楽しいものだった。今日の時代には想像もできないほどの有益なご指導を受けたものである。

文理科大学当時

注疏の演習で思い出すのは、諸橋先生の独特のご指導であった。学生の読む順序を前もって指定されず、その都度任意の者を最初として次々と順に読ませたものであった。従って先生の演習に出るにはその時間で読むと予想される範囲をくまなく予習して行かなければならなかった。『公羊伝注疏』などは独得の文体が多いので、この演習に出席する者は、よく昼休みか、その前日の都合のよい時を見計らって読み合いをしたものである。これがまた互いに切磋琢磨する機会となり、学力を高めるのに大いに役立った。

ただ、実状を申すと、当時の受講生は一年生から三年生まで一緒で、学年の区別がなかった。従って一年生は上級の先輩に比しては、学力の差はかなりあった。私は決心した。一日も早く二年生、三年生の学力に近づくためには、なにか工夫をしなければ駄目である。そこで注疏の中でも骨の折れる『春秋左氏伝正義』を全部読破して実力をつけて見ようかと決意した。当時私どもの使用した注疏本は、錦章図書局蔵版の『宋刊本十三経注疏附校勘記』という携帯にも便利な本であったから、随所、随時に読むには便利であった。

私は文理大に入学した昭和九年九月十六日から、六十巻のその書の読みに着手した。毎週、いかなる都合があってもその一巻ずつを読み終えることにした。左伝は入学試験の時にも二度

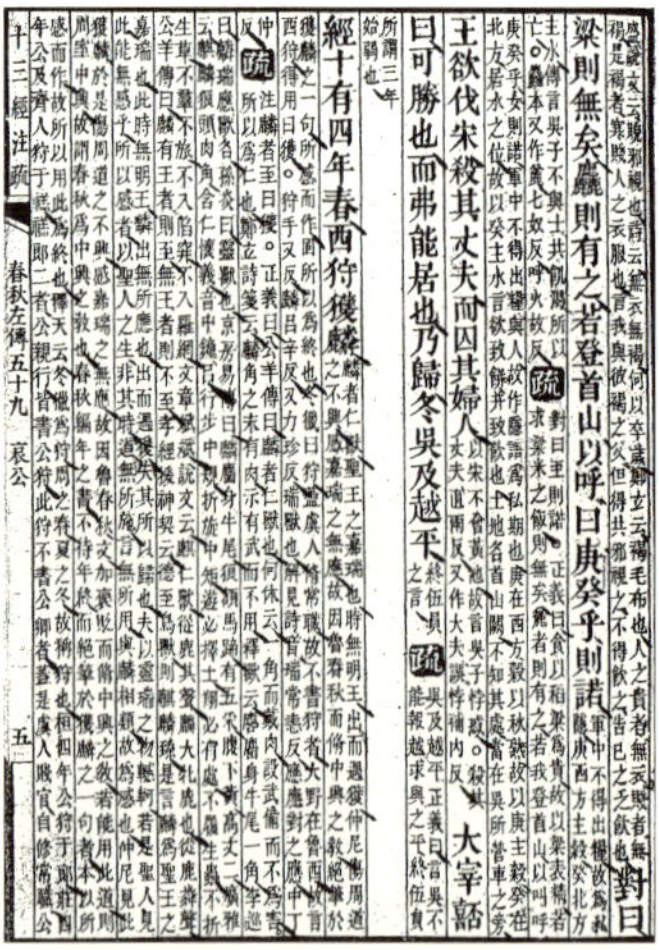

当時通読した『左伝』の注疏

ほど全文を読んでいたので、その本文と杜預の注とは読むのに苦労しなかったが、その疏（正義）を残り隈無《くまな》く読破するのは容易なことではなかった。他所に旅行に出かけた時も、その割り当ての巻を持参して読み続けた。拮据沈潜《きっきょちんせん》すること三か月余、その年の十二月二十八日には全六十巻を朱点を打ちながら読了することができた。この努力が功を奏したものであろうか、二年生、三年生の先輩に伍して授業に出ることに引け目や苦労を感じることがなくなった。

卒業論文は、二年生の後半から着手するのが通例であったが、二年生の時に諸橋先生の『公羊伝注疏』の演習があるのを幸いとして、その全巻を読了し、前に述べた『春秋繁露』を読み直し、『史記』『漢書』『後漢書』の三史を読み、その他入手できる限りの先人の研究論文を参考として『漢代春秋公羊学の研究』を執筆し、これにより文理科大学を卒業したのである。

卒業するには必ず東京文理科大学漢文学会で発表するのが通例となっていたので、私は公羊学の「新周故宋王魯説」について発表した。発表以前に、その発表の原稿を指導教官に検閲していただくことになっていたので、私は諸橋先生に原稿を提出した。すると先生は私の原稿を詳細にお読み下さって、最後に「論旨透徹《とうてつ》」の評語をいただいたことが今でも忘れることができない。かくて私の学生時代は終焉を告げたのである。

第五章　桐陰育鳳の思い出

ここでいう桐陰とは、東京高等師範学校附属中学校を指す。もと桐の校章に因んでその校友会を桐陰会と称したことに基づく。育鳳とは、その英才の生徒を教育する意である。

一、漢学大会のリハーサル

昭和十二年三月、東京文理科大学を卒業した私は、全く思いもかけず、大学の漢文学教室の副手（二か月後助手）として勤務して学術の研究に従事することになった。月給は、教諭として地方の学校に奉職するよりも遥かに安かったが、ここが一生を支配する境目になると考えた。妻にも篤と話してアルバイトは一切拒絶し、清貧に甘んじることを宣言した。

文理大の卒業論文は「漢代春秋公羊学の研究」であったし、『左伝』は高師時代には諸橋先生の講義を受け、その注疏は全巻を精読していた。従って唐宋における春秋学を研究すべく

『通志堂経解』に収められている春秋学の著書を全部読むべく計画を立てた。春秋三伝の『左伝』や『公羊伝』『穀梁伝』を読んでいたから、唐宋の春秋学関係の書は比較的理解し易かった。

ところが七月から陸軍予科士官学校の作文教授嘱託として週一時間だけ勤務することになった。経済的には楽になったが、貴重な研究の時間を割かれるのが少しく残念に思われた。しかも諸橋先生からその年の秋に開催される全国漢学大会で発表せよといわれてびっくりした。

この漢学大会は、上野の学士院会館でモーニング着用の姿で発表し、言わば学者としての登竜門と目されていたのである。大学卒業そこそこの私が発表するなどとは夢想だにしなかったことであった。しかし恩師の命は厳然たるもので拒絶するわけにはいかなかった。幸い夏の休暇があったので寸暇を惜しんで発表の準備をした。演題は「董仲舒の致用の学について」と定めた。それは卒業論文の中でも若干触れていたので、この演題に決めたものであった。

夏も過ぎ、清涼の秋を迎えていよいよその発表に近づくや、諸橋先生は私の原稿を読まれ、「先生の前で練習発表せよ」、ということになった。発表の時間は二十分と決まっていたので、その範囲でこの発表をすることは容易でなかった。しかも私は東北弁もあるので、そこを先生が心配されたのであろう。当時先生は文理科大学の図書館長であったので、その部屋で練習発表をした。先生は一、二の語彙について、「聴講者には理解し難いから、もっと平易な表現にせよ」といわれた。その表現を訂正すると「もう一度やってみよ」といわれて、結局先生の前で二回練習をしたのである。

先生がご多忙の時間を割かれて、このようにリハーサルを二回まで懇切にご指導してくださるということは、恐らく他に例を見ないことだったと思う。

初めての学会発表だった私にとって、今日追想しても実に有り難いことであった。お陰で発表は好評を博することができたが、ひとえに恩師のご指導の賜物であった。

二、名主事馬上孝太郎先生

かくて昭和十二年度も終わり、翌十三年の四月末、漢文学研究室で読書をしていた時、突然附属中学校主事の馬上孝太郎先生がお見えになられた。急に附属中学校で漢文の教師を採用することになって、諸橋先生に相談したところ、君を推薦されたが本人はどう考えるかということであった。附属中学校といえば英才揃いの天下の名門校で、果たして勤まるかどうか、一瞬ためらいを感じた。だが恩師のご推薦ではと考え、その場で受諾した。馬上先生は「見つけものをした」と喜んで帰られた。

附属中学校に着任したのは、それから二、三日後の四月末日である。漢文を担当されていた田口福司朗先生が福井県鯖江《さばえ》女子師範学校長に栄転され、その後任として私が就任したわけである。就任してみると、先生方は皆高等師範学校や文理科大学の先輩で、それぞれその道の大家であり、私ごとき若輩は希《まれ》であった。「教ふるは学ぶの半ばなり」といわれるが、毎日の授業は未経験であり、その準備に莫大な時間を割かれたが、「其の位に素して行ひ、其の外を願はず」、待遇の良かった陸軍予科士官学校の教授嘱託もその七月で退き、附属中学校専任の教師として全力を尽くした。

翌昭和十四年度からは、新入学の第五十三回生の担任となったが、私の教員生活六十年を回顧すれば、この附属中学校在職時代が最も充実した活気あふれるものであった。

馬上孝太郎先生

さて、教育未経験の私が、附属中学校でご指導を仰いだ先生方は国語科主任の岩井良雄先生ほか多数にのぼるが、最もご配慮を蒙《こうむ》り暖かいご指導をいただいたのは主事の馬上先生であった。先生は当時の生徒たちに、「青年は一歩前へ」「継続は力なり」の二大標語を掲げて誠心誠意、附属中学校生徒の訓育に情熱をこめられたものであるが、それが私自身にも以心伝心に伝わって来たように思われる。当時は次第に戦局に突入する直前の時代であったから、時代の認識に欠けて軽佻《けいちょう》浮薄の傾向の父兄に対しては遠慮のない発言をされ、「都会は田舎に滅ぼされる」「子弟の家庭教育は甘すぎる」と警告されることもしばしばであった。先生は実に附属中学校名主事としての実績をあげた偉大な教育者であった。

残念なことに私が附属に奉職してから三か年の後、定年でご退職になったが、その後は茗渓会理事長としてご活躍された。

先生について思い出されることは、一年生の漢文の授業を突然巡視され、授業終了後主事室に呼びだされた。私が授業で僧月性の「男児志を立てて郷関を出づ………」にはじまる「壁に題す」という詩の解釈を講義した際、その結句「人間《じんかん》到処有青山《せいざん》」の「青山」を墓地と解釈しておったが、「あれは活動の天地という意であるまいか」といわれた。私は「結局は、そういう意味になると思われますが、転句の『埋骨豈唯墳墓地』から考えると、「骨を埋める墓地」の意味と思われますが調査してみますといって引きさがった。

早速文理科大学の図書館に行って『佩文韻府《はいぶんいんぷ》』などで調査してみると、「墓地」と解釈するのが正しいように思われたので、翌日主事室を訪ねて馬上先生にお会いした。

先生の方も調査されたと見え、「あれは君の解釈の方が正しい」といわれた。光風霽月《こうふうせいげつ》、実に瀟洒《しょうしゃ》たるものであった。

これについて後日談がある。後年、私は召集を受けて北支で戦ったが、北支には樹木が少なく、広々とした原野の中に樹木の茂って見える小高い丘は、殆どという程、松柏殊に柏（常緑樹コノテガシワ）の茂っている墓地であった。

そこで私は「百聞は一見にしかず」、現地で青山は墓地に用いられる実証を得たと考え、それを馬上先生に軍事郵便でご報告すると、先生からもお礼のご返書があった。

悲しむべし、先生は昭和二十年二月の大空襲に焼夷弾の煙に巻き込まれて不帰の客となられた。私が福岡の臨時陸軍第二病院から退院して召集解除になって帰京した際に、附属中学校の渡辺貞雄先生のご案内で、遺骨となられた先生の霊を鎌倉のご令弟のお宅に弔ったことが夢のごとく思い出される。

先生は女子学習院で香淳皇后陛下をご指導されたが、あの空襲の続く、とある日、皇后様にお目にかかったところ、「田舎に疎開された方がよいではないか」とのお言葉を賜り、「陛下が都におわす限りは陛下と共に帝都を守ります」とお答えなされたと仄聞《そくぶん》している。

先生は実に茗渓出身の豁達《かったつ》なる逸材であり、附属中学校の名主事であったことを記し、先生のご冥福をお祈りしてやまない。

三、鳳雛《ほうすう》の活躍

鳳雛とは鳳凰《ほうおう》のひなであり、附属中学校の生徒を指す。附属中学校の校歌である桐陰会歌の第四章に、

鳳雛未だ羽生えず　梧桐の上に霊気蔽ふ
稚龍《ちりゅう》今なほ雲を得で　茗渓の辺紫雲たつ
図南《となん》の翼打ち張りて　いづれの日にか昇るべき

とある。自由主義、個性尊重の附属中学校にあって伸び伸びと成長し、やがて大いに活躍する。しかしこの鳳雛にも大別して二つの型があり、早くから天分を発揮する天才型の英才と、鈍牛のごとく学習の進歩歴然とせず将来を危ぶまれるが、後年大いに個性を発揮して大活躍する大器晩成型とがある。

(1) 大器晩成の傑物

私の担任した第五十三回生においても、天才型の英才が多かったが、大器晩成型の鈍牛も加わっていた。

映画監督としてグランプリを二度も獲得した今村昌平君はまさしく鈍牛の大器晩成型であった。平々凡々、特にどの科目に秀れているとは見えなかった。然し油断は禁物である。この凡才と見えた今村昌平君に私が欺かれた大事件がある。

私は陸軍予科士官学校で作文の教授嘱託を一か年経験したが、その伝統的指導法は、短時間に簡潔にして雄健な文語体の達意の文章を作らせることにあった。週一時間の作文であったが、今週指示した文題で文章を書かせると、翌週は詳しく添削《てんさく》して生徒に渡し、全般について批評するという徹底した作文教育を一か年継続するのであり、しかも毛筆で墨書きさせるのである。最初の中は見るにたえない拙い文章もあるが、継続している中に、素晴らしい名文を書くものもいた。そしてその添削したものは文稿と称して一冊に閉じて保存させたものである。

附属中学の同級会

この作文指導を一か年経験した私は、これを附属中学校でも活用した。毛筆で書かせるまではしないが、作文を尊重し、生徒の作品には必ず誤字や仮名遣いの誤りを正すと同時に批評を書いて渡した。特に秀れた作品はプリントして褒め称えたりした。

確か今村君等が三年生の時であった。今村君の書いた文が極めて優秀であったことから、それをプリントして一同に配布し、文章はかくあるべきであると絶賛したことがあった。

ところが二十年もの後に今村君の書いた文章は、さる作家の盗作であることが判明した。それは講談社の週刊誌『週刊現代』の中に今村昌平を語る星新一君の文が掲載され、その中で、「国語の先生なんてちょろいものだ、今村君の盗作の文章を模範文としてプリントまでして褒め称えたことがある」、と当時の実情を暴露したことがある。二十年も前のことだから腹だちもしなかったが、今村君はそのような豪胆なところがあった。彼は今日、映画監督の第一人者として大活躍しているが、中学時代にはその片鱗すら見ることができなかった。しかし作文で師を欺く豪胆さを考えると、大器晩成する素質は十分にあったというべきであろう。

ついでに、星新一君について一言すると、彼は短編小説「ショートショート」の作家として大名声を博したが、彼もまた中学時代には、そのような傾向はなく、作文などは思想が幼稚であるなどと批評したものだった。星君の附属中学校入学試験の口頭試問をしたのは私であり、将来の希望は内閣総理大臣といったので大言壮語する快男児と思った。しかし在校中はさ程頭角を表わさなかったが、東大卒業後、星製薬の社長となるや、そのころから作家になるといって転身し、ついにその特色あるショートショートでは世界的に名声をあげた。星君もやはり今村君と同様、大器晩成型の大物というべきであろう。惜しいことに健康を害して平成九年十二月、不帰の客となってしまった。

⑵ 英才の早世

「美人薄命にして才子多病なり」といわれるが、鳳雛もその例にもれず、天才ともいうべき英才で早世される者が少なくなかった。私が今日なお忘れ難いのは、桐陰第五十二回生の友田祺一郎君である。成績は抜群、剣道部の選手をやり、四年生で一高の入試に合格、身体検査で発病していることが発覚し、一か年休学してから一高に入学した。一高の一年生次は健康であったが、二年生の五月、学徒動員で茨城県の大甕《おおみか》で農耕作業中発病して順天堂病院に入院し、これから彼の闘病生活が繰り返され、戦災で自宅が焼け出されるという災難にも会った。入学以来七か年在学という最大限の猶予期間に耐えて東大の哲学科に入り、昭和二十八年三月二十八日、東大の卒業式当日に、卒業を喜んで社会に出る他の卒業生とは

友田祺一郎君
（東大図書館前にて）

別に、鎌倉の東慶寺の境内で自らその生命を絶ったのである。何故であろうか、今日なおその真相は不明である。

私は教職生活六十年に及び、その間悲喜さまざまな場面に遭遇しているが、教え子の訃報に接することは悲痛にたえない。その中でも友田君の訃報は最大の悲痛であり、今日もなお忘れ難い。次に掲げる一文は、友田家で『友田祺一郎遺稿集』を出版することになり、友田家より請われるままに記したもので、その訃報に接した当時の私の偽らざる告白であり、悲痛の叫びでもある。

友田君に告ぐ

友田君、君は既に世を去り、君に会い君と語ることはできなくなったが、君はなお私の心に強く生きている。否、私ばかりでなく、君を知る人々の心に生きているに相違ない。君の死は、まさしく形骸の死であって、たましいの死ではない。

友田君、僕が君の訃報を知ったのは、あの日より数日の後であった。旅行の留守中、附属の一卒業生が拙宅に来てくれて君の訃報を告げて行ったのである。帰京早々この話を聞いた僕は、事の意外に愕然《がくぜん》たらざるを得なかったが、事実として信ずるには余りにも意外であったので、早速その日の新聞を取り出して調べたが、生憎その新聞が見当らず、近所から借りて来て調べてみると、まさしく君の死が痛ましく報ぜられているではないか。しかし僕はそれをしも認めることはできなかった。何等かの誤報ではあるまいか。余も曾《かっ》て中国の野に傷つき、戦死の誤報が伝わって一時他界の身となったことがある。誤報必ずしも望むべからざることではないと、ひたすらそれのみを念願したが、君の死は悲しくも事実であった。

君の死が事実として否定できないことを知るに至った時の僕の偽らざる心情は、前途を嘱望した君の如き英才を失った失望落胆と、一言も語られることなく去られてしまった自分の人間的無力の淋しさで一杯であった。すぐにも君の霊前を弔うべきであったが、その力がどうしても起こらなかった。今日こそと思って見ても、いざとなると挫折することが一再ではなかった。それにもう一つの理由があった。君、しかも長期にわたる病身の君を、ただ一筋に護り続けてきた君のご両親の悲しみに接するに堪えられなかったのだ。君を霊前に訪ねたのは、あれからよほど経た後であったが、君の死に対する自分なりの解釈ができて、心の安定を得たからでもあった。

友田君、君を知ったのは何時からだったろうか。君は僕が担任した学年よりは一年上級で、学力において抜群なるは勿論、人物においても級長として級友の信望を集め、更に剣道の選手としても活躍し、まさに桐陰健児の俊秀として師友の等しく認める所であった。僕は君が四年生の時、君の学年の漢文を担当し、君に接触するに及んで、その名声の実を欺かざるを知り、君の前途に嘱望することが大であった。学生の本文を為学の一点に求めて他を顧みず、孜々《しし》として勉学にいそしんだ君の学力は、すくすく向上発達したが、惜しむべし、君は不幸病に侵され、四年終了を以て一高入試の学力試験には堂々と合格しながらも、病気の故を以て合格できず、翌年も亦同様の逆境であったように記憶する。しかし君は不撓《ふとう》不屈、病を以て天の試練と考え、幾度かの死線を乗り越え乗り越えて遂に一高も卒業し、東大をも卒業するに至った。この事は実に容易ならざる苦行であった。しかも時は戦時中より終戦後にわたる祖国興亡の難局の際で、心身の動揺衝撃これより甚だしい時がなかった。しかるに君は堂々と病と闘いながら、進学して研究に精進したのは全く驚嘆すべきことである。

思えば君はよく僕に音信を呉れた。僕の応召中も、終戦後も、細々と美しいペン字で近況を報せて呉れた。僕が終戦後君を訪ねたのは、たしか保生園における大手術の前後であった。「この手術に成功しさえすれば」という君の念願は達成せられて、君は東大に進み、哲学の研究に精進することとなった。附属時代の君の志望は外交官ではなかったかと記憶するが、哲学の研究に身を委ねるに至ったのは、恐らく病中に惹かれた仏教哲理の影響と病身の将来を案じた結果ではなかったかと思う。

一昨年の四月と記憶するが、君が若々しいしかもスマートな背広姿で拙宅を訪問して呉れた時の印象は今に忘れることはできない。君は言ったね、「今後は東大の近くに下宿したので落ち着いて勉強ができる」と。君は会えば学問と健康上の話ばかりであった。「長い療養生活に堪えてよくもここまで生き抜いて来られた。もう大丈夫である。哲学に進んだことは、君の本来の希望でなかったにせよ、君の純粋にして真摯な学問探究心は、必ずや哲学の領域に於ても開拓大成するところがあるであろう」と、心中ひそかに喜び、君の前途を祝福せずにはおれなかった。

越えて今年の正月には、君よりの賀状があった。ご尊父の名で印刷した賀状に、君の署名しかなかった賀状を受取った僕は、一見不可解な感に襲われた。筆まめな君から署名のみの便を受取ったのは今までにない。健康上に問題が起こったのか、それとも卒業論文に多忙で寸暇もないのかも知れない。卒論の時はたれしも神経衰弱気味になるものだから、どうか健康であって欲しいと念願したのだった。然るに君は卒論も提出し、卒業式を迎えたあの日、突如として自ら求めて世を去ってしまった。天地漸く生々の気に満ち、幾百の学友は卒業証書を手にし、前途に胸ふくらませて実社会に巣立つというのに、君はひとり静寂の地に淋しくも世を去らねばならなかった。何たる悲痛な運命であろう。君の死は誰か人あって止め得るものはなかったであろうか。噫《ああ》、天実に斯の人を滅ぼせり、天実に斯の人を滅ぼせり。

友田君、君は実に恵まれた家庭に育った。君に対するご両親の慈愛は決して世の常に見られるものではなかった。君が長期に亘る闘病生活に堪えて今日まで至ったのは、君の精神力の強さに因ることは勿論であろうが、それ以上にご両親の君に注がれた慈愛と看護のたまものであった。人の親の子を思う心情に変わりはないかも知れないが、あらゆるものを犠牲にし、ただ一筋に君の全快と成長とを祈った君のご両親の物心両面の努力は蓋《けだ》し言語に絶するものがある。「ただ祺一郎のために…」と、つつましくいわれていたご尊母の言葉が今に聞こえる。それだけに君に去られたご両親の悲嘆慟哭はいかばかりであったろうか。僕は君に一言も語られることなく去られた自分の人間的無力さを淋しく思うと告白したが、あれほどにすべてを結集して君を愛育したご両親の心中はどうであったろうか。君の訃に接して、直ちに君の霊を弔うことのできなかった理由の一つは、思い茲に及んで、悲痛の極にあるご両親に接することに堪えられなかったからである。
友田君、君が最後に到達した心境は知るすべもない。しかも聡明な君が、慈愛深いご両親との絆を絶ち、幾多師友の嘱望をふり捨てて事ここに至るには、君として動かし難い哲学があり悟りがあったに違いあるまい。君の哲学なり悟りを解釈するには、あまりにも不勉強な自分であるが、君は既に形骸を越えた永遠の生命を悟ったものでなかろうか。真理を追求してやまなかった君は、肉体に即する追求の限界に達し、遂に肉体的執着を越えて求め得る真理の追求を目指したものであろう。大悟ひとたび茲に至った君の心中には、人生をもご両親をも乗り越える自信ができ、恰かも雨後の光風霽月の如き清々しいものがあったに違いあるまい。君は単なる人生の否定者でなく、真実の人生と真理の探求を目指して永遠の世界に旅立たれたのである。思えば君の死は形骸にしてたましいの死ではない。去る者は日々にうとしというが、忘れられる人もあるし、忘れられない人もある。君は恐らく僕の終生に生きて行くことであろう。

（昭和二十八年十一月三十日）

（友田祺一郎遺稿集より）

四、豪雨に襲われた端艇部員の死活

私が附属中学校で水野国太郎・岩本俊千代両先生のご指導のもとに第五十三回生の担任を命ぜられたのは、附属に奉職した翌年からのことであり、一つ一つが新しい経験で正直対応に大変なことも多かった。生徒も戸惑ったり、かなり迷惑を蒙ったことと思う。その上、確か昭和十四年度からは岩本先生の後を受けて端艇部長を命ぜられ、その責務は相当に重荷であった。

言うまでもなく桐陰の端艇部は、毎年行われる恒例の開成との定期試合を目標として猛練習をしたものであるが、そのころは週に少なくとも三回程度は、放課後の練習に尾久まで出かけて隅田川での部員の練習を監督することになっていた。尾久の艇庫まで王子電車（現在の都電荒川線）で出かけ、夕方まで部員の活動を見守るのは容易なことではなかった。しかし幸いなことに、私が部長をした年から二年連続して開成に勝つことができ、部員の意気は軒昂たるものがあった。

幻となってしまったがオリンピック開催のため新設された素晴らしい戸田橋コースに艇庫の敷地を求めるべく、部長の私は当時の漕艇協会会長東竜太郎氏と交渉して、附属の敷地を確保できたので、毎年全校を挙げて行われる端艇大会を初めて戸田橋で実施した。一般の生徒は赤羽に集合して戸田橋まで行軍して参加したが、端艇部員は前日にボートを戸田橋に運んで宿営し、当日の準備をしたものであった。勿論、部長の私も前日から部員と行動を共にし、戸田橋の艇庫の敷地にテントを張って一夜を明かした。

忘れもしない、昭和十六年四月の大会のことである。前日から小雨が降って、当日の大会開催が危ぶまれる情勢であった。そのころ私も若かった。至誠神に通ずるの信念で、当日はぜひとも晴天にしてやると豪語して、空一面黒雲に蔽われた河畔のテントの中で一夜を明かしたところ、幸運にも当日は打って変わっての晴天となり、当時附中の主事をされていた森本角蔵先生は、部長の至誠が天に通じた、と開会式のあいさつに話されたことが、懐かしく思い出される。

開成とのレースに優勝（昭和17年５月）

かくて大会は予想外の成果を収めて無事終了したが、それから後に起こった事件は、今思い出しても戦慄を覚える。

それは、大会終了後六艘のボートを部員一同で尾久の艇庫に運ぶ途中の大事件であった。夕刻ころから小雨が降りだしたが、この程度なら心配あるまいと思って漕ぎ出したところ、荒川から隅田川に入るあたりから篠つく豪雨となって前途が危ぶまれた。今考えると、冒険も甚だしというべきであったが、一気に漕ぎ切ろうと判断して気合いも高らかに雨中を突進した。しかるに雨はますます激しくなり、全身はびしょぬれ、寒さは寒し、それにボート内に水があふれる。一瞬生命の危険を感じたが、最早取るべき処置がない。全員を激励して、オールを漕ぐ者、水をかきだす者の分担を決めて漕ぎまくった。まさに九死に一生を求めるの思い、その水路の長かったこと。後年私は中国の大陸で戦い、幾度となく生命の危険にさらされたが、この時の危虞の思いは、戦場におけるよりも数倍であった。幸いにも天は桐陰の健児を見捨てることもなく、全員無事尾久の艇庫に着くことができた。そのころは燃料も乏しかったので、艇庫番に依頼して水上に流れてきた木片を集めて置いてあったものを焚いて暖をとり、かけうどんを注文して空腹を癒やし、元気に帰宅させることができた。この事は当時の部員も忘れ得ないことと思うが、あの気力、あの一致団結の力こそは、危難に瀕して発揮した桐陰健児の真面目ではなかったかと思われてならない。やはり日ごろの鍛練のたまものと思う。

翻って思うとき、今日の桐陰の若人はどうであろうか。若い時の鍛練を切望してやまない。

◇閑話休題——大鼠も漢文を聴講す

鳳雛すなわち桐陰健児が若い教師をからかうことは、時には興味津々《しんしん》たるものがあった。私が同校に奉職して三年ほどたって、旧校舎から新校舎に移った初夏のころであった。

例によって授業開始のあいさつも終わり、チョークを出そうとして引出しをあけた途端に、大鼠が飛び出した。生徒がガヤガヤ騒ぎ立てる教室の天井を二、三回ぐるぐる飛び廻ったあげくの果てに、寄らば大樹のもとと考えたものであろうか、教壇の椅子に腰かけている私の背後の黒板にぴたりと止まって動こうとしない。

「静粛」といって、普段と変わらぬ講義を開始した。ただ私が動けば彼も動揺すると思って、その時間は椅子を離れず、板書もしなかったところ、授業の最後まで同じ場所にじっとしていた。そこで先生の曰く、「心なき鼠でさえも聖賢の教えを聴講したではないか、況《いわ》んや鳳雛の諸君においてをや」と。誰一人として異議を唱える者はなく、頭こそ撫でなかったが、感心、感心といって、そっと彼を窓外に放してやった。

その後、鳳雛の諸君もこんな手のこんだいたずらはしなかった。

そのころの校舎は荒れ地に新築したばかりで、護国寺の側の豊島が岡御陵の森からであろうか、雉子が飛んで来て窓辺に近寄ることもあった。類は友を呼ぶ。彼らもまた聖賢の教えにあこがれたのであったかもしれない。

後編

『大漢和』六十年の苦楽

第一章　北支における戦い

一、召集の命来たる

大東亜戦争も勃発して時局は日に増し深刻の度を加えて行ったが、忘れもしない昭和十八年十一月十二日、私も臨時召集を受けて出征することになった。召集令状を受け取ったのは、それより一週間程前の土曜日の午後のこと。折しも諸橋先生のお宅で『大漢和辞典』の編集会議があり、その資料を整えて出かけようとする矢先であった。かねて覚悟はしておったので、さ程驚きはせず、会議に出席して諸橋先生にその旨を報告して、勤務先の附属中学校にも報告した。諸橋先生宅を遠ざかる時、あるいはこれが最後になるかも知れないと、幾度となくふりかえった。後髪の引かれる思いであった。

それからの一週間は忙しかった。当時私の担任していた附中の生徒は五年生になっており、いかに戦時下とはいっても進学の入試と卒業が目前に迫っている。その結果を見ずに別れるのが何よりも辛かったので、出征の前日まで授業をして、翌十二日の早朝出発して千葉県津田沼の戦車第二聯隊の留守部隊に入営したのであった。

忘れることのできないのは、この出征前夜のことである。身辺の整理もまだ終わらなかった夜の八時ころであったろうか、附属中学校の広井家太、石橋孝太郎、渡辺貞雄の三先生が私を激励に訪問され、酔うほどに談論風発、やがてはあの「暁に祈る」の軍歌を繰り返し繰り返し高らかに合唱して止まるところがなかった。これは何時までも私の脳裏に刻まれて、後に戦地で戦友とこの軍歌を合唱するごとにこの夜のことが偲ばれてならなかった。三先生には特に指導を受けることの多かった私であったが、今は三先生共幽明界を異にしてしまった。悲しい思い出である。

出征前日の授業

津田沼の戦車第二聯隊の兵営までは、東大在学中の弟信《まこと》と文理科大学図書館司書の青山茂君（漢文学教室にも勤務されて特に親しかった）の二人が送ってくれた。直ちに私服を軍服にかえて見送り人と別れを惜しむ時間を与えられたが、誰いうとなく、私共召集兵はやがて南方の孤島に派遣されるので、途中の海上が危険であるとの噂で、弟も私の身を案じながら別れて行った。

夕方になり、使いふるして形のゆがんだアルミの食器に冷たい赤飯が盛られていたが、昨日に変わった見すぼらしい情景には感慨無量であった。

大君の命かしこみ出でし身の　今日のこの日に落つる涙は

とは、その日の軍隊日記に書き留めた一首であった。

それより一週間の訓練を受けたが、その間に留守宅で心配したものであろう、宇都宮師団司令部に勤務、陸軍大尉の実弟勲《いさお》が面会に来てくれ、外地派遣といっても最も安全地帯の警備らしいから案ずることはないということであった。

二、蒙疆平地泉における訓練

派遣の準備も整った十一月十九日に津田沼を出発したが、軍用列車といっても貨物列車に乗せられて九州に到着。二十日に博多港を出航し、釜山上陸後、また貨物列車に揺られ、満鮮国境の安東、満支国境の山海関を通過し、十一月二十六日に蒙疆平地泉に到着して戦車第三師団速射砲隊第一中隊に編入された。この速射砲の部隊長は陸軍少佐伊藤光治（後に中佐）、中隊長は三宅燾《てる》雄《お》陸軍大尉であった。

この部隊は、昭和十七年十二月十四日、北支の石門において編成された三箇中隊からなる独立速射砲隊で、敵の戦車を撃滅する地上最強の機動部隊であった。我々補充兵は総勢で七十一名、全国各地、特に長野県出身が多く、殆んど中等教育を受けており、かなりの年配者であったが、私は三十二歳で、取りわけ年長者であった。

我々は最初、教育隊と称して三つの班に分けられ、私は第三班で班員は三十名、班長は千葉県出身の平山静雄軍曹であった。第一班、第二班は気合いがかかって厳しかったが、第三班の平山班長は寛容にして人間味豊かであったから、他班に比して軍律厳正の中にも暖かみを覚え、班長以下一心同体の感があった。

蒙古にて。左より平山軍曹・兄公・本人(昭和18年12月9日)

軍隊の内務班の生活といえば、世上話題にのぼる残酷噴飯にたえないもので覚悟はしておったが、やがて戦線に出動する事前訓練上、それほどの残酷な生活ではなかった。むしろ暖かく擁護されておったというべきであったかも知れない。ただ零下何度という酷寒には苦しめられた。

私は年配であり、大学出身の高等官六等の身分であり、陸軍予科士官学校の教官をした関係もあって、特に注目されがちで日々緊張の連続であった。夜間週番司令が巡視の際などは、何か質問事項があると真先に指名されるので油断は禁物であった。特に寝に就いた夜中など、班内の銃架にかけてある兵器の手入れについての検査が厳しかった。それも他班の上官が調査に来て、歩兵銃何番と大声で呼ばれると、その歩兵銃所有者は寝台から起き上がって、直立不動の姿勢で調査官の前に立たされる。「こんな手入れでは駄目である、謝罪せよ」といわれ、「陸軍二等兵某は三八式歩兵銃何番様の手入れを怠りました。今後は注意しますからお許し下さい」というような改まった言葉でお詫びをする。その態度が緊張感がなく、緩慢で声が低かったりすると、何回もやり直しをされ、揚句の果ては「海行かば…」を何回も歌わされる。そして「三八様のお許しがあったかどうか聞いてみよ」といって銃口を耳にあてさせる。銃は答える筈はない。「何も答えてくれません」といえば、また「海行かば……」の連続、かくして最後は私の番になる。「鎌田代わって聞いてやれ」。それ助け船とばかりに銃口を耳にあてて、「許してやると言っております」と答えれば、それで一件落着。こんなことは一再でなく、夜も熟睡できるものではなかった。

最も弱ったのは、当番に当たったその日の班内の備品の員数の保管である。一品でも欠けておったら大変なことになる。こんな事件があった。私が当番の時、ベークライトの汁茶碗一個が見えない。捜しに捜した揚句、朝食の終わりに食器を洗ったバケツの水を捨てた時、誤ってマンホールに捨てたかも知れないと考え、同じ当番の者と営内を馳せ廻って竹竿を見つけ、その先端に針金を網状に着けてマンホールを掻き廻したところ、何とその深い底に鎮座していたではないか。辛うじて員数が充足して事なきを得た。大体、員数は完全でなくても形さえあればよいので、一つの物が二分、三分されて各所で活用されているというのが常識であったのには驚いた。油断も隙もない、緊張の連続というものが教育隊及びその後の生活であった。

二、幹部候補生受験の苦衷

教育隊にいる中で最も苦衷を極めたのは、幹部候補生受験にまつわる事件である。三宅中隊長は、世の辛酸をなめ尽くした方であったので、個人個人に面接して懇談する機会を作ってくれた。その時、私は幹部候補生を受験するか否かは重大な悩みであった。同年兵の多くは旧制中学校の卒業生で有資格者が多かったが、幹部候補生の受験を希望する者は少なかった。私個人も年配者であり、今更将校になっても役にたつまいという考えもあったので、率直に直属長官のご意見に従うこととして、よい機会とばかりに中隊長に伺った。中隊長は私の身上を詳しく聞いた結果、陸軍予科士官学校の教官もされているので、機会があればその方に推薦できるかも知れないから、受験するのがよいという決断をくだされた。迷いの雲が晴れて出願の手続きを終えたころ、蒙疆政府におった兄公《ひろし》が部隊を訪問し、中隊長と面会された。どのような相談をしたか分からないが、受験は中止したらよいではないかということになって兄は帰った。

かくて受験中止の手続きを取ろうとしたところ、書類は既に師団本部に申告されているので中止することはできなくなり、結局受験することになった。

かくしてその年の年末であったと思うが、幹部候補生試験が実施された。学科の試験は難問ではなかったが、問題は口頭試問であった。私の試問の時、伊藤部隊長も特に試問の席に就かれていた。

試問中、さる試験官が、なぜ幹部候補生の受験をしたかという意外なことを試問された。一瞬、私は答えにためらった。ただ事実をいうに越したことはないと思い、「一時は受験を中止しようとして願い出たが許されなかったから、已むを得ずして受験している」と答えた途端、部隊長から厳しい言葉があった。「お前の心底を聞こうと思って、わざわざ出席したのだ。已むを得ず受験とは何たることであるか」というに始まる叱責のお言葉であった。私も言わずに抑えたほうがよかったと思うが、「一兵卒として奉公するのと、一将校として奉公するのと、尽忠報国の精神には変わりはないと思います」と発言したから大問題となった。爾後の問答は省略するが、要する所、「簡単に許すわけにはいかない。三個の問題を与えるから、退席してよく考えるがよい」ということになり、一応退席を命ぜられ、係の下士官に引率されて控所に帰った。その下士官曰く、「お前のような馬鹿正直な者は見たことない。あんな応答をして許されると思うか、重営倉に叩き入れられるぞ」といって懇々と諭してくれた。もう夕刻も過ぎて八時ころであったと思うが、再び受験場に呼ばれて、前に出された部隊長の三個の問題に答えた。弟の身を案じて帰った兄の意を忖度《そんたく》すると、如何に答えるべきかためらいもあり、「忠ならんと欲すれば孝ならず、孝ならんと欲すれば忠ならず」といわれるように進退きわまり苦境にあった。しかし引率係の下士官の忠告もあったので、三個の問いには堂々と所信を述べたところ、部隊長の顔色もゆるみ、それでは幹部候補生を志願するか」と再吟味されたので「志願します」と答えた。伊藤部隊長は莞爾《かんじ》と微笑されて「それではよろしい」と言って解放してくれた。

やがて数日後、合否の結果は発表されたが私は不合格であった。今考えて見ると随分と身分を弁《わきま》えぬ失礼な応答をしたのに、希望通りに不合格にされるとは偏《ひと》えに伊藤部隊長の寛大な処置であったと思われる。だが私共の指導教官であった加藤見習士官は、私の不合格を知って、「君だけは将校にしてやりたかった」と涙ながらに話されたのには、深い感動と感謝の念をおこさずにはおれなかった。この加藤教官はやがて少尉に任官し航空隊の方に転属されることになった。壮行の式辞を私が代表して述べたことを今も忘れることができない。加藤教官とはこれが最後の別れであったが、その後今日まで何等の消息も得ることのできないことは残念である。再会できたら、あの真摯積極的な教育に対してお礼を述べたいと今日もなお考えている。

四、三宅中隊長に永別

教育隊における訓練も終了して、やがて一中隊の本部に編入し、いよいよ作戦に出動する準備体制が整えられ、私は指揮班の一員として中隊長の側近に働くこととなった。

昭和十九年三月二十日、我々の部隊は第一次河南作戦参加のため、駐屯地の平地泉に別れを告げ、鉄道輸送によって北支へ向かい同二十三日に南口の廠舎《しょうしゃ》に宿営し、作戦参加の目的で敵国の機動部隊撃滅の猛訓練が続いた。その後、四月十六日には一等兵に進級し、私が代表して部隊長に申告した。翌々の四月十八日は新郷付近に一泊し、二十二日夜、黄河の軍橋を渡り本作戦に突入した。五月二日未明、わが戦車第三師団は、許昌方面より一斉に臨汝平野に突進を開始した。当面の敵は洛陽を固守する湯恩伯《とうおんぱく》将軍の指揮する二十万の大軍であった。

五月二日、郟県《こうけん》城を攻略し、敗走の敵軍を追って五月五日臨汝鎮に入り、翌六日大安に駐屯して銃を交叉《こうさ》して休憩した。連日の進撃に木陰を求めて寛《くつろ》いだ正午ころ、敵機急襲して機銃掃射を受けて動顚《どうてん》、敵弾雨霰《あめあられ》のごとき洗礼を受け、激戦とは斯くのごときものかと実感した。

前進の進路は丘陵に挟まれ、二時間置きに敵機が襲来してわが軍の前進を阻んだ。敵軍追撃の命を受けた三宅中隊長は、指揮班に命じて一刻も早く有利な陣地を占領すべく出発した。この時、私も指揮班車に同乗したが、出発間もなくして敵機襲来して機銃掃射で前進を阻まれた。中隊長が下車を命じたので、我々も次々と下車したが、この時である。私は動作やや緩慢のためか、最後に下車する破目に陥った。しかしこれが運命の別れ目、最初に下車した中隊長は敵弾命中して即死、私より一歩前に下車した土屋雄司同年兵も被弾、私は軍靴の踵に命中したが身体には異状はなかった。全く一瞬の修羅場であった。私は出血甚だしい土屋君を抱えて、包帯で出血する頭部を包んだが、出血はすさまじい勢いでほとばしり、息も途中で絶えて施す術がなかった。誰かが中隊長戦死と叫ぶ声に、直ちに駆けつけると、中隊長は軍刀を半ば抜いたままの姿で、胸部を射抜かれて即死していた。

敵機は一瞬にして姿を消した。我々の本隊が到着するまでに、私は中隊長に別れの水をと思って水筒を振ったが、一滴も残っていなかった。そこであの荒野を捜して井戸を見つけ、漸くにしてタオルに水を含ませ、中隊長の唇を潤して別れたのであった。時に夕刻、日は見果てぬ荒原の彼方に没して、孤独寂寥の感で溢れる涙を抑えることができなかった。

中隊長は一見近寄り難いように思われたが実に人情家で部下を愛し、特に私は幹部侯補生の受験以来、恩顧に預かることが多かった。されば、その後二、三日間、白布に包まれた中隊長の遺骨の箱を胸に抱いて戦場を駆け廻った。思うに浅ましい限りであった。

後年、私は戦傷のため終戦前に召集解除されたが、その年の秋、三宅中隊長のご遺宅を愛媛県穴吹市に訪問し、陸軍少佐三宅壽雄之墓と刻まれた墓碑の前に額《ぬか》づいた。親戚一同集まり、中隊長玉砕の実状をご報告するや、或いは捕虜となって戦死と報ぜられたのではないかとの疑念も漸く晴れたといわれた。忘れ難い思い出である。

なお、戦友土屋君の戦死の状況は先に述べた通りであるが、悲しむべし、土屋君の奥様が戦後開かれた泉友会には必ず出席され、お会いするごとに悲壮極まりなき当日の模様を語って土屋君を偲んだものである。土屋君は私と同様に眼鏡をかけていたので、戦死の当初、鎌田が戦死したと叫ぶ者があったので一入《ひとしお》土屋君の戦死が惜しまれてならない。一瞬における生と死の隔たりは、人生を大きく左右するもので、うたた痛恨の涙を禁じ得ない。

五、嵩山《すうざん》への伝令

三宅中隊長戦死の後、浦田朝司中尉が中隊長となり、連日洛陽に向かって前進また前進。五月の北支は黄塵万丈、車両に乗って前進するといっても黄塵朦々として、防塵眼鏡にて辛うじて凌ぎ、夕刻に至れば顔面黄塵に蔽われて人我を弁ぜずに至る。夜間の進軍中、下車十分間の休憩の命が下れば、疲労のために路傍に伏して仮眠に入る。頭下兀々《ごつごつ》たるを見れば、何と中国兵の骸骨累々、明日のわが身も斯くならんと思えば人生索漠の感しきりなり。五月十二日夕刻、浦田中隊長の率いる指揮班は部隊に先行して嵩山の麓に到着した。時に水筒に飲料は絶え、乾ききった喉《のど》はいかんともし難く、飲水絶対禁止の池の水を数人で掬《すく》って飲んで渇を癒《いや》す間もなく、中隊長より伝令の命をうけた。嵩山の山上に陣地を構築して重機を備え、嵩山の麓を通過する湯恩伯麾下の二万の兵を攻撃せんと待機するわが部隊に対し、攻撃中止せよとの命令を伝えるものであった。折しも夕闇迫り、山上に登らんとするも巌石累々として道はなく、石に攀《よ》じ、雑木にすがって前進するに、四方より敵軍の発砲あり、危険この上なし。されど伝令を一刻も早く果たすべく急ぐ。漸くにして山上に到達し、伝令と叫んで使命を果たした。聞く、当夕は夕闇にまぎれて湯恩伯麾下二万の兵が嵩山の北麓を通って東走するという情報にて、これを山上より一挙に殲滅《せんめつ》する作戦であったが、僅か一機の重機では対戦の功なく、これを中止せよとの本部よりの命令であった。

伝令の使命を果たして下山にかかったが、下るべき道はなく、月光に照らして下山すれば、遠方に人影あり、敵兵なるかと着剣して近寄れば荷を肩にした農民であった。私を見るなり、その荷を捨てて逃走したので、その荷を改めると、なんと岩塩であった。岩塩は彼等の生活の貴重品で、それを運んで逃走するのであった。やがて中腹のあたりから私の名を呼ぶ戦友の声がしきりに聞こえた。中隊長は私の身を案じて二、三の戦友を迎えに派遣したものであった。

嵩山といえば、中国の名山五岳の一つ。中岳とも称し、古は外方、あるいは太室ともいい、または嵩高とも称した。山中に三尖峯があり、中央を峻極、東を太室、西を小室と称した。私の伝令としての使命を果たした山峯は、その何れであるかは不明、あるいは東の太室とも考えられるが嵩山を古典で学んだ私は、いかなる因果か、この山で身命を賭《と》して伝令の使命を果たし、あたら人命の殺傷を未然に防ぐことができたのである。

六、龍門石仏の救い

洛陽の南方より北進したわが軍は、伊河南岸を西進し、五月十四日午前十一時、伊河の浅瀬を渡って北岸に達せんとした。銃を頭上に掲げて渡河の最中、敵機の襲撃を受け、いかんともすべなし。まさしく〝没法子《メイファーズ》〟（どうしようもない）である。無抵抗で進むより道はなし。ところが天祐神助であろうか、幾百人も水中を渡過する我々に、あの雨霰のごとき敵弾に一人として命中する者はなく、命からがらにして北岸にたどり着いて駆け込んだ所は真っ暗な石窟であった。敵機の銃撃は甚だしく、石窟の入口にも命中する。やれ地獄に仏とばかり次第に薄明かるくなって奥を見上げると、何と如来の大仏像が彫刻されているではないか。仏の袖に救われるとはこのことだ。しかも、大仏像を中心として何体もの小仏像が彫刻されており、その周辺にはあるいは墨筆、あるいは朱筆で漢詩が書かれており、その数も夥《おびただ》しい。まさに仏法と文学の別世界である。もしこの石窟がなかったら我々の何十人かはこの世の人

戦後、龍門石窟を訪れる

でなかったであろう。

言うまでもなく、ここは名だたる龍門の石窟である。北魏の太和十八年（四九四）から唐代に至る約四百年間、岩石に彫刻された仏像は九万七千余体もあったが、文化革命の際に小仏像は十中八、九、破壊されたという。私は戦後に再度この石窟を訪問し、当時の御礼参りをしたが、確かに小仏像は破壊され、惜しいことに朱墨された漢詩はすべて抹殺されていた。この漢詩を収集載録して「龍門文学」と題する小冊子を作るべく考えていたが、すべて一場の夢と化して、その片鱗すら留めていないことは文化保存上、誠に惜しむべきことであった。

七、危険極まる立哨《りっしょう》

立哨で危険を冒したことが二つある。その一つは、五月二十八日洛寧に入った夜間十二時ころの事である。寺院であったか、民家であったか忘れてしまったが、日中の進撃も終わり、休息安眠の時であった。我々は一時間交代で門前に立哨することになった。私より前に立哨した戦友（張山保君であったと思う）が、「鎌田、今宵の立哨は恐ろしい。野犬が襲来するから気をつけよ」とのことであった。中国の野犬は小牛程のたくましい体で、死体をあさって歩き廻り、夜間は就寝を襲うと言われていたので、これは大変なことになったと恐怖心を抱いて立哨した。その夜は曇天で月の明かりもなく、暗闇で微かにあたりを見分ける程度であった。果たせるかな、十二時半ころ、数間先から八頭ほどの野犬が這うように迫って来るではないか。一瞬、大事来たれりと警戒、発砲すれば容易に撃退できるが、歩哨は敵兵でない限りは発砲は許されない。私も即座に着剣した銃を握って低姿勢を取り、寄らば一刺しと身構え「ウォー」と一声うなったところ、なんと八頭の野犬が辟易《へきえき》して後退していった。ああ、助かり、ホッと胸を撫でおろした。野犬の襲来はそれっきりで終わったが、あたら帝国軍人が野犬の餌食になるところであった。神仏の助けか、からくも危難を逃れることができたのであった。

もう一つの危険は雷霆《らいてい》豪雨中の立哨であった。

野犬の襲来よりもっと恐ろしいことであった。六月二十一日から七月十八日まで、鄭州の西方、五龍口に駐屯中であったろうか、午後一時ころ、城門で立哨の任にあたったが、生憎雷霆きらめく恐ろしい最中であった。中国の雷鳴雷雨は、日本と違ってスケールが大きく、その閃々たる雷光のきらめきと天地を動転させるかと思わせるほどの雷鳴《らいめい》は、日本では経験したことのない恐怖そのものであった。その雷光閃々《せんせん》、雷鳴轟々《ごうごう》たる中に、着剣のまま不動の姿勢で立哨とは、この世のものとも思われない恐ろしいものであった。ただ、桶狭間の合戦で信長が義元を討ち果たしたのは雷鳴豪雨に乗じたからであったことを思い出し、この雷鳴に乗じて敵兵が来襲するかも知れないと思い、ここは皇軍の頑張るところと覚悟して立哨して前方を見つめる。やがて雷鳴もおさまるや豪雨となる。その豪雨も尋常ではない。門前の道路は激流となって流れる。全身濡れ鼠となるも銃剣は手にしっかりと握る。生きながらにして地獄の責め苦に会った心地。しかしこれも一時間とは続かなかった。雷鳴収まり豪雨もひとしきり終わったころ、前方より馬上豊かに当方へ向かって歩を進める者あり。「誰何《たれか》」と叫ぶ前に伊藤部隊長なることが分かり、「立哨中、異状ありません」と報告すれば、「ご苦労」といって去られた。これまた忘れ難い思い出である。

◇閑話休題

⑴ 捕虜看守の油断

話は前後するが、確か五月二十九日夕刻、洛陽西側の興隆砦に到着し、六月十九日まで駐留してその付近の警備に当たっていたある日のことと思う。湯恩伯の固守した洛陽も陥落して一安心した我々は、洛陽の市街を見物に出かけることとなった。洛陽は周代以来の古い都で「洛陽城東桃李の花、飛び来たり飛び去って誰が家にか落つる」と歌われているように、誰にも親しまれてきているから是非見物したいと思ったが、生憎お腹をこわしていたので、私が居残って私物の管理と捕虜一名の監守を命ぜられた。

捕虜といっても民兵の青年で雑用に使用していたので寧《むし》ろ役に立った。私は拙い中国語で彼と二、三十分話をして前途ある青年が今後どうするかを案じた。私は手許の煙草などを二、三箱与えると喜んでおったが、やがて水汲みに行ってくると言い出した。飲料水である。それを汲み取る井戸は大分離れているので、一瞬、逃亡されたら大変だと思った。しかし実際に飲料水が欠乏していたので、まあよかろうと許可した。ところが終に彼は帰って来なかった。私の責任重大、弁明の余地はないと覚悟したが、部隊が洛陽から帰るなり、上官に事実を報告すると「やむを得ない」といって叱責されることもなかった。

あとで考えた。彼はもう戦争に懲りて農民として働いてほしいものだ。前途ある一青年を救うことになった。陰徳を施したではないかとひそかに自己弁護したが、さて彼の青年は今日でも健在であろうか。

(2) 請う公事《こうじ》を議せん

これも正確な月日は忘れてしまったが、終日警備に駈け廻ったとある夕刻、さる村里の長をしている老農に出会った。彼は白髯を蓄えた風格のある人物に見えたが、流石に一村の長だけあって文字は読解できた。その地方では北京語は通用しない。ただ私どもの使用する漢文はよく読解できるので、私は早くこの戦争を終えて平和の日を迎えたいものであるということを書いて示したところ、喜色満面、私に対して大儒の風格ありと讃えて、私の手を固く握って離さなかった。

その夜のことである。その村長から部隊に使者があり、「私に今夜来宅を願う。請う公事を議せん」という手紙が届いた。さてどうすべきか、勝手なことはできないので浦田中隊長に話したところ、それは危険だからよした方がよいということで、その招請には応じなかった。恐らく有識の村長であるから、村の治安についての相談であったと思うが、今考えると相手を信用し、その称するところの公事を聞きたかったものである。中国人は信を以て接すれば、信を以て答えるとかねてから聞いていたから、惜しいことをしたものであった。

八、哀れ敵弾われを倒しぬ

ああ、運命ともいうべき七月二十四日が到来した。その前日の夕刻、臨汝県城の郊外に到着した我々は、翌早朝、大悲寺にたむろして我軍に抵抗する約一千名の敵兵を討伐すべしとの命を受け、夜中その準備にかかった。先ず飲料水の確保であるが、その飲料水の井戸がかなり遠く離れていた。同年で乙幹《おつかん》（乙種幹部候補生）の臼井博人と二人で水筒を提げて出かけたが、彼は帰りしなに「明朝の戦争は不安である」と不吉なことを言ったのが気にかかった。臼井君は翌朝の戦いに戦死したが、あるいは自分にも何らかの予感があったものかも知れなかった。

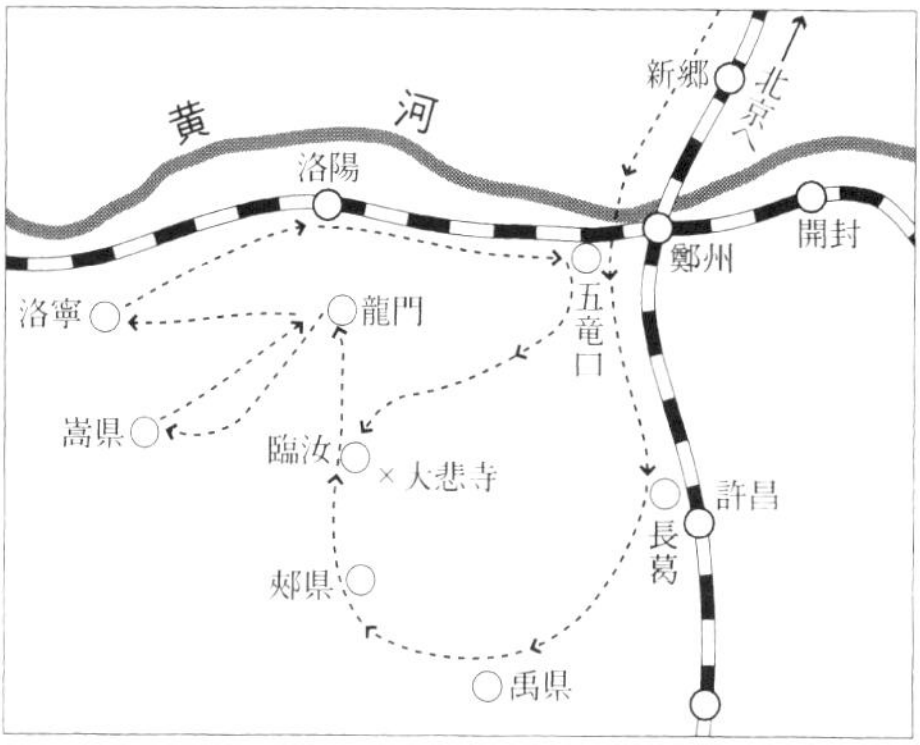

従軍参考地図

私は軽機関銃の機手の特別訓練を受けていたので、翌朝は軽機を携えて出発すべしと上官からの命令があった。軽機では真先に狙い撃ちだという古年兵の言葉は気にかかったが、上官の命令は絶対服従である。すべては天命に任せるほかはない。

上官の話では、簡単に勝利を収めて帰れるから、なるべく軽装で出発せよとのこと、よって所持品の一切は背嚢《はいのう》に入れて駐屯地に残して出発した。

酷暑の七月と言っても早朝は清々しかったが、その時ふと気にかかったことがあった。それは出征の折、無事帰国を祈って諸所の神社に祈願してくれた守り札を背嚢に残して来たことであった。大事な戦いになぜ失念したかと後悔された。上官の言うには、「戦いの場所は西瓜《すいか》畑であるから、早く敵兵を追っぱらって西瓜をご馳走になろう」とのことであった。だが先発として出発したのは一千余名の敵兵に対し、わが一中隊の浦田中隊長以下僅か十八名の指揮班であった。「禍は敵を軽んずるより大なるはなし」とは、老子の教えである。軽々に敵を侮《あなど》るものではないと思ったが、とにかく意気軒昂たる門出であった。

午前六時ころ、現地大悲寺に到着、見渡す限りの西瓜畑で遮蔽《しゃへい》するなにものもなく、幸いに後方に高粱《こうりゃん》が茂っていた。十八名を二分し、南方と西方の二面から城壁に迫り、私は西方からの攻撃に加わった。眺めれば、敵兵は銃を構えて警戒はしているものの、沈黙して攻勢に出る構えを示さなかったので、九名散開の隊形で無謀にも敵前百五十メートルに肉薄した瞬間、城壁より一斉射撃を受けた。まさに雨霰と飛び来る敵弾に対して応戦つとめたが、衆寡敵せず、やむなく一時後方の高粱畑に退却せよとの命が下ったが、軽機を携える私は退却を躊躇《ちゅうちょ》せざるを得なかった。匍《ほ》伏《ふく》後退するとしても軽機を携えての匍伏は、必ずや敵弾に命中すると考え、後退を命ずる上官の命令に従わなかった。援護射撃をするから後退せよとの再三の厳命に、やむなく五回にわたって匍伏して高粱畑の入り口に達したと思う一瞬、右臂部に敵弾命中して倒れてしまった。

高粱の畑に着きしその刹那《せつな》 哀れ敵弾われを倒しぬ

無念やる方なし。全身血まみれになり、身動きもできなかった。時に午前七時。炎熱の太陽が照り始める早暁であった。

高粱畑から故年兵が這い寄って出血の私を見て、出血多量と報告する声が聞こえる。「高粱畑に入れ」との上官の命令、咄嗟《とっさ》に、「木口小平は死んでも口から喇叭《らっぱ》を離しませんでした」との喇叭兵の修身訓話を思い出した。

「軽機はどうしますか」と問えば、「そのままにしておいてよろしい」との命令に、単身辛うじて畑の中に這い寄ると、出血更に甚だし。古年兵また這い寄って包帯にて介抱するも処置なし。私の水筒を取り上げて去る。思うに水を飲んでは出血するとの考えであろう。昏々《こんこん》と睡魔に襲われたが、「重傷出血で眠ったらおしまいだ。決して眠ってはならぬ」と注意してくれた軍人である弟勲の言葉を思い出して我慢する。時は刻々として進み、高粱畑の中にも真夏の日光がさしこんで滅法暑い。前とは別の古年兵がやってくる。「鎌田、西瓜を食べろ」と言って半分割りの西瓜を置いていく。乾き切った咽喉を潤す西瓜のうまかったこと。しかしこれがためにまた出血した。

交戦の響きはますます強くなる。敗退の敵兵であろうか、高粱畑に駈けこんで私を飛び越えていく。さては危険と所持する二発の手榴弾の雷管を切り、一発は敵兵に投げ、一発は自決と準備したが、やがて平静となる。後で聞いたところによると、川名曹長が我々の危急を本部に報告し、伊藤部隊長が指揮して戦車一輌をもって来援し、一千名の敵兵を尽《ことごと》く撃滅した。その時の部隊長の指揮奮闘は、流石歴戦の勇将にふさわしく、飛び来る弾丸の中にあって指揮の軍刀を振るわれ、沈着大勇、鬼神も避くの奮戦であったといわれる。

斯くて私は民間からの戸板に乗せられ、西瓜畑の畦《あぜ》に聳える梨の大木の木陰で軍医の介抱を受けた。時に午後三時。出血多量、ガス壊疽《えそ》の予防注射をしても時間的に効果はない。助かる見込みなし、と宣告しながらも念のためと言って予防注射を打ってくれた。

やがて臨時に設営された民家のベッドに運ばれた。体温は四十度を越している。まだ生存しているというので、軍医は輸血することになったが、注射の針は錆びて用を為さない。すると軍医は衛生兵に命じ、ひまし油を針に塗って、ついに成功。血液はB型であったが、どなたの血液を用いたのであろうか、それが効を奏して私は助かったのである。九死に一生。今日考えると恐ろしい輸血であったが、何等の後遺症もなかったのは、天未だ我をほろぼさなかったたものであろう。

部隊長が見舞われ、「鎌田、仇は必ず取ってやる」と言って激励されたことは有難いことであった。ただ、その翌日であったか、師団で募集した洛陽攻略の歌（近体詩）の応募作品数千枚の中から三名の受賞候補者を選び出し、その誤字、仮名遣いの誤りを正せとの命を受けたのには辟易した。厳命であるから、命令通り三名の候補作品を選ぶことができた。

これも後に聞いたことであるが、私どもと違って南方から攻撃した浦田中隊長の手兵の臼井伍長と中原上等兵が戦死した。特に中原上等兵は、和歌山高商出身であったが、痩身病弱で物の役に立ちそうにも思えなかった。ところが彼の最後は日本軍人として見上げたものであった。一弾命中して倒れた彼は、重傷にもめげず、死後の処理を戦友に依頼した。誰々には借財があるが、背嚢の中に現金があるので返済してほしい。その他数々の依頼が終わった瞬間、眉間にまた一発命中するや、立ち上がって、天皇陛下万歳を叫んで息絶えたとのことであった。天皇陛下万歳はその例多しと雖も、私の参戦中に起こった唯一のものであった。惜しい人物が戦死したものである。

ご冥福を祈ってやまない。

第二章　戦傷死の誤報

私の戦傷は、戦地の部隊より津田沼の留守部隊に発した電文「戦傷ス」が「戦傷死ス」と誤電され、直ちに留守宅にも通知された。当時、家内は東京都内の空襲の被害を避けて、子供三人を連れて郷里の相馬に疎開しておったが、この通知で子供諸共、早速帰京した。

一、鎌田先生追悼録の編集

ひとたび戦傷死の報伝わるや、その波紋は大きく、勤務先の附属中学校では朝礼の際に私の冥福を祈って全校生の黙禱があり、校葬の準備にかかった。附属で私が担任をしていた五十三回生は私の追悼録の準備に着手した。

恩師鎌田正先生、去る七月二十四日、北支の野に壮烈なる戦傷死を遂げらる。訃報ひと度至りて愕然色を失ふ事多時、信ぜらんとするも信ぜざるべからず。語るに言葉なく痛恨極まり無し。凡そ師死して弟子起たずんば亦誰か起つ者あらん。此に生前の熱烈真摯なるご性格を偲び、五星霜の御薫陶の篤きに謝し、われら五十三回生の微衷を鎌田先生追悼録・遺影集及び書簡集に表して、御霊前に捧げ、御遺族に呈し、以て御鴻恩の万一に報いまゐらせんとす。願はくは諸君幸ひに欣然御協力を賜らん事を。詳細は後報を以てす。取り敢へず御一報まで。

昭和十九年八月九日

東京高等師範学校附属中学校第五十三回生代表
槌田満文・越智昭二・戸田和義

ああ、何たる殊勝なる鳳雛よ。私は戦傷死に非ずして戦傷で九死に一生を得たのである。純真なる鳳雛諸君を悲しませて万謝にたえない。

記念すべきかな、その追悼録の一部が私の手許に保存されている。筆者は桐陰生徒会の委員長槌田満文君である。

鎌田正先生を悼むの記

一種異様な予感に襲はれながら、大野からの電話を聴いた自分は、我と我が耳を疑った。信じられなかった。どうしても信じられなかった。「もう一度言って…」自分は電話口にかう反問した。しかし答へは同じだった。

「鎌田先生が…」と最初大野が言ひ掛けた時、一日千秋の想ひで先生の帰還を待ってゐた自分は、てっきりこれは先生が御帰りになるのだと一瞬嬉しさが込み上げて来たが、忽ちその予想と余りにかけ離れた対話の重苦しい雰囲気に気附いてはっとした瞬間、次の言葉は一端昇り過ぎたエレベーターが急に降りる時の衝動を伴って、自分を奈落の底に突き落してしまったかに感ぜられた。

「鎌田先生が七月二十四日に北支で戦傷死されたんだって…」。二度目に聴いた時も、その後は何と言ったか憶へてゐない。

その夜、自分はばらつく雨の音を遠く聴きながら、輾転反側、眠られぬ幾時間かを異常な興奮の中に過ごした。

惟《おも》へば、熱情の師であった。直情の師であった。五星霜の永きを常に渝《かわ》らざる熱烈真摯の性格を以て、我々にぢかにぶつかって来られた。だから衝突もあったし、摩擦も免れなかった。時には、しつこいと嫌ったし、うるさいと煙ったがった我々だった。

しかし、一度離れて見ると、さういう人柄程懐かしいものはない。「ああ、いま先生が居られたらなあ…」と憶ふ時も幾度かあった。さういふ時には、何時だったか先生のお宅で南京豆を噛りながら、二、三の友と一緒に桐陰を弁じ時事を語り教育を談じ、果ては思はず隣の先生の皿の豆をつまんでしまった失敗の思ひ出までが、鮮やかに瞼に浮かんで来るのである。

昨年の秋、先生の応召を知った翌朝――まだ五時頃であったが――先生のお宅を訪れた時、先生は今風呂から上がった許りといった様な清々しい顔付きで、「遠からず御召しが来るものと豫《か》ねて覚悟してゐたから…」と力強く語られるのを聞いて、何とも言へない爽やかな気分を味ったことであった。そして護国寺の傍の細路を一緒に学校へ急いだ。途々の軽い興奮に溢れた会話が、先生との最後のそれと為らうとは全く思ひも掛けぬ事だったのである。

あの頃は、我々が日夜苦心した体育鍛練大会と文化部発表会が成功裡に無事終了して、先生も非常に満足されてゐた頃だったから、先生との別離は我々にとってさしたる心残りもなく、先生も唯あと一つ我々に課せられた――それは最も重要な入学試験の成績であった――問題だけが、隴《ろう》を得て蜀《しょく》を望み得ない心残りを、かなり色濃く胸中から去来させて居られたに違ひない。

その入学試験も、先生の遥か北支よりの熱禱《ねっとう》に因ってか、幸ひ大変好い結果に終はった。先生はそれについては余程心を労せられてゐたと見えて、試験の一週間位前には例の達筆で――多忙な故か一寸我々には読み難い程の走り書で――殆ど全員に激励の葉書を送って来られた様である。

その健筆振りは先生の健康を如実に物語ってゐて先生健在なるを思はしめたけれど、我々が試験後の祝報を承けてから暫く経った五月頃、自分が先生の留守宅へ参考書を御借りしに行った時には、奥さんの御話では部隊が移動するので当分音信不通になるかも知れないといふ事を伺った。それ以来今に至るまで何の音沙汰もなかったのである。今にして思へば、それからの二箇月の間に名誉の戦傷を負はれたのであった。

手紙といへば、自分も恥づかしい事に、先生がそれまで数通来信されたのに対して、僅か二通しか御返事しなかった。そして今後はもうお便りする術もない所に行かれてしまった。

先生最後の自分宛の葉書に、「便りなきは健康にて勉学に励精せられ居ると信じ云々」

とあったことを思ひ起す。先生の二箇月にわたる音信不通が、自分のそれと異なり「便りなきは好き便り」なる西諺《せいげん》に悲しくも悖《もと》ったものであった事実は、何としても自分にとって諦め切れないものがある。諦め切れない憶ひに、蒸し暑いその夜は自分を仲々まどろませなかった。――翌日、自分は附属を訪れた。そして渡辺先生と御話しながら、先生生前の熱誠溢れる言行が話題に上る度毎に、或る複雑なる事情に因る自分の先生に対する附属時代の評価が、余りにも独善的であり、浅薄であった事に深く恥じざるを得なかった。

附属の校舎内を巡りながら、鍛練大会の前日に先生が如何にも興奮した面持ちで、「槌田、よくやってくれた………。」と、もう明日にも控へた大会の運行のみに頭を痛めてゐた我々のそれまでの準備の苦労を、あの眼鏡越しにうるんだ眼差で犒《ねぎら》って下さったのは、丁度廊下のここらだったとか、文化部発表会の反省会に、終始先生が我々の努力を賞賛されて居られたのは、応接間のこの辺の椅子に坐ってであったとか、回想は何時果てるとも知れなかった……。

先生はよく怒った――。我々もよく叱られたものである。しかし、それは如何にもさっぱりした怒り方であり、さっぱりした叱られ方であった。凡そ教育者は馬鹿にならねば出来ぬといはれる。先生が怒るのは、先生の負けで生徒の捷利《しょうり》かもしれない。しかし、我々はこれらの場合、先生に果たして勝ったといへるのだらうか。先生に怒られた思ひ出を辿りながら、無性に先生が恋しいのは、我々の完全なる敗北を証するものでなくて何だらう。

——その晩、雨のしょぼ降る中を、信沢、黒沢の二人と共に途中水野先生のお宅に寄り、先生の遺宅を訪れて、独り残って居られる奥さんの姉に当たられる方とお会ひしたが、涙ながらに語られるその表情に、先生がよくやられたあの鼻筋をしかめて鼻をすする俤《おもかげ》がふっと象《かたど》れて一瞬消え去ったのを見た時、はっと激しい感動に思はず胸がつまってしまった。

——先生亡き後、我々教え子達に大きな期待をかけて居られる御話振りに、出来る限り恩返しを致しますと答ふ我々のかうした姿を先生は一体何処にどうして見守って居られるのであらうか。先生はもう再び帰らざるの客と化してしまった。しかし先生は生きて居られる。（後略）

若き日、附属中学校における育鳳に全力投球した私の姿がよく述べられているではないか。私は教職六十年に及んでいるが、この附属中学時代ほど情熱をこめ、火花を散らして生徒に接したことはない。「教ふるは学ぶの半ばなり」と言われるが、私はこの附属中学時代に尊い活きた体験を積むことができ、同時に三楽の楽しみを今日も享受している。

ちなみに槌田君の追悼文中、最初に槌田家に電話した大野公男君は北大名誉教授、現北海道情報大学学長、槌田君と共に我が家を訪れてくれた信沢利世君は国鉄で新幹線の権威者として活躍、黒沢洋君は日本興業銀行の頭取・会長を務められたが、信沢・黒沢のお二人共残念ながら他界されてしまった。

正直いって、教え子に先立たれるくらい辛いことはない。私が担任した附属中学五十三回生も有為な方々が三十名以上他界されてしまった。

謹んでご冥福を祈る次第である。

二、養母の水垢離《みずごり》祈禱

私の養母は眼科を専門とした女医である。明治三十一年三月二十五日、父医師鎌田晋・母カンの次女として生まれた。幼時から郷土の国文学者として令名の高かった岩崎宗山先生の教えを受け、長じて仙台市の東華高等女学校に学んだが、その第四学年在学中の大正二年（一九一三）六月八日、父晋の急逝に会った。青春の夢を捨てて、五人の弟・妹を育てる母を助け一家を支えようと決意し、翌春卒業後、宮城県女子師範学校本科第二部に入学し、同三年三月に卒業した。四月から宮城県栗原郡宮沢小学校に奉職したが、小学校訓導の僅かな待遇では一家を支えるに足りないと考え、翌大正六年四月、女医を志し吉岡弥生女史の経営する東京女子医学専門学校に進学した。

大正十年十一月に卒業して、新潟市立北浜病院に勤務、東北大学眼科教室で眼科を研修し、福島市大原病院に奉職後、昭和二年（一九二七）郷里相馬中村に帰って眼科を開業して六か年継続した。女医となって十年余、この間助産婦となって男まさりに働く母親を助け、弟たちの面倒を見てきたが、事、志と違い、弟たち三人に続いて先だたれて今までの努力が水泡に帰し、深い挫折感に陥った。

運命は転換する。昭和八年（一九三三）十一月、兵庫県よりトラコーマの全国一で悩んでいる赤穂郡尾崎村村民の徹底的治療を懇請されて心機一転、県特別指定の同村診療所に赴任した。以後七か年に亘り、その撲滅に献身的な情熱を傾け、罹病患者が三％に激減するという大成果を収めた。

尾崎村診療所に赴任した翌年の昭和九年五月に、当時東京文理科大学に入学したばかりの私を養嗣子に迎え、妹テイを配して鎌田家の分家を創設した。

前に述べたように、家内の母親カンは、私の父と高等科小学校同級生でもあり、父鎌田晋他界後、鎌田家の後見役を務めた、もと福島県師範学校を出て小学校の先生をされた小関熊吉氏等が鎌田家の将来を案じての相談による対策であった。

尾崎村で大成果を収めた養母は、最早わが事成れりと考え、昭和十五年（一九四〇）二月、東京市厚生局衛生課に医師として転任してきた。しかしその翌年十二月八日には開戦となり、十八年十一月には私が出征し、東京は敵機の襲来に悩まされたので家内は子供を連れて郷里に疎開した。従って養母一人が東京に残り、衛生課の医師として診療を続けていた。言わば一人で留守宅を守っていた時、突如として私の戦傷死の公報に接したのであった。

養母ヒロ・孫の昭彦

前述のように、家族はもちろん、勤務先の学校や教え子達、及び附属中学の父兄の方々に多大のご迷惑をおかけした。しかし養母一人は、小石川区役所から弔慰金を渡すから印鑑持参して出頭すべしという、その再度の通知にも誤報であるとして頑として信ぜず、弔問客が多いので仮の祭壇を設けてもそれを庭に投げ捨て、みずからは早朝水垢離を取って私の生存を祈願していたといわれる。私が出征する時、郷土の守り神八幡神社に、自分が身代わりになるから正を生還させて欲しいと祈願したのだから、戦死するはずはないと確信し、たとえ公報といえども信じたくなかったのだと思われる。

「至誠神に通ず」と言われるが、私が負傷した一か月後の八月二十三日に一大吉報がもたらされた。平地泉において班長として懇切にご指導いただいた平山静雄軍曹が、戦死された三宅中隊長の遺骨を内地に護送したついでに私の留守宅のことを思い出されての訪問であった。「遺骨を持って帰りました」との最初のあいさつに動顚した養母は、その場に崩れて立ち上がることができなかったという。公報はやはり真実であったのかと矢庭に力が抜けて腰も立たなくなったのである。驚いた平山軍曹は事の次第を話し、出発前本人に会ったが、重傷は負っているものの生命には心配がありませんと、日記を確かめながら、私の生存を伝えてくれたのである。かくて一か月余にわたる暗雲は忽ちにして消え去った。もし平山軍曹のご報告がなかったら、立ちこめたこの暗雲は更に消え去らなかったことであろう。

なお、養母については、さらに詳しく語らなければならない。養母の父晋は当時としては希であった仙台第二高等学校の医学部（今の東北大学医学部の前身）卒業の新進で、特に外科を専門として多忙を極めるかたわら、野兎病の研究を続けていた。この父が急性肺炎で急逝したため、養母は前述のように最初は教員、更に親戚一同の反対を押し切って上京し、医師となり母親を助けたのである。

ところが不幸は重なるもので、当時新潟医専在学中の弟（長男）が亡父の遺伝であろうか、これまた酒豪で、医師となってからもその性行は改まらず、健康を害して世を去ってしまった。次男は健康で上田蚕糸高等専門学校に進学して一家を構えたが、三男は福島高商卒業後、千葉銀行に奉職したものの、これまた病魔に侵されて早世した。加えて養母が最も嘱望していた四男も中学卒業後他界してしまったのであった。

女医鎌田ヒロ生涯の碑

鎌田家の将来を案じ、自らを捨て分家を起こし、私を養嗣子として迎えたのに、戦傷死の公報に接したのである。暗雲が晴れるまでの一か月、養母の胸中は如何ばかりであったろうか。

かくて大難は去ったが、帝都への空襲は益々激化した。そこで養母は、昭和二十年五月、帝都への大空襲に罹災したのを機会として帰郷し、郷里で眼科を再開して地域の診療に尽力した。四十年五月高齢を以て医業を中止し、上京して家族と同居した。この時が養母の最も安らかな時代であったかも知れない。

なお、養母は昭和五十七年九月二十日、老衰のため永眠、享年八十四歳であった。

思えば、養母は鎌田家において永遠に忘れることのできない尊い犠牲的存在であり、私にとって命の大恩人である。そこで遅きに失した恨みはあるが、平成十一年九月二十日、ふる里の菩提寺・慶徳寺の墓所に、養母の命日をトして、「女医鎌田ヒロの生涯の碑」を建立して、その功労を子孫に伝えることにした。

三、慟哭の師情

話は前後するが、私の戦傷死の誤報は恩師諸橋轍次先生を慟哭させるという一大事までも起こしている。先生には新潟師範学校時代からの日記があるが、その昭和十九年八月六日には、

尾関君（附属中学校の先生）来宅。鎌田正君戦傷死のよし報じ来る。茫然自失の感あり。近来になき哀愁に打たる。思へば同君は思想性格美しき人たりしなり。片腕を奪はれたる感あり。

と記されている。恩師を哀愁せしめて「片腕を奪はれたる感あり」とまで慨嘆せしめるとは、

思いもよらざる勿体なき事であった。

しかも続いて八月九日には、

防空の問題にて大学に会議あり。帰途鎌田君の遺族を御弔問す。老涙禁ずる能はず。

と記されている。言葉は簡潔であるが内容は恐懼にたえない。同日夕刻、留守宅を弔問された恩師は、私の仮祭壇に飾られた遺影の前で大声をあげて慟哭されたのである。あまりのことに、家内は側に居たたまれなかったという。

思えばその昔、孔子は最愛の高弟顔回の訃報に接して、

噫《ああ》、天われを喪ぼせり。天われを喪ぼせり。

と慨嘆し、更にその霊を弔問するや、従者も驚くほどに誰憚ることなく大声をあげて慟哭されたと伝えられる。亜聖顔回などの高弟に比すべくもない私ごとき門弟に対して、恩師がかかる哀悼極まる慟哭をされたことは、何たる冥利に尽きることではないか。恩師の教えに浴した者は幾千人の多きに登ることであろうが、恩師をしてかくの如き哀悼慟哭をせしめた者が果たして存するであろうか。

許昌の病院で、妻からの音信でこの報に接した私は、感涙に咽《むせ》び、いかにしてその高恩に報いるべきかを沈思黙考するのみであった。

四、神秘なる夢の通い路

続いて恩師の日記を拝読すると、昭和十九年十月六日には、

　今朝鎌田正君を夢む。一度戦死の報ありしが、よくも助かりて仕合せなりしよと語りたるに、本人喜ぶ色もなく悄然として言なし。既にして夢さむ。風姿尚目に在り。多少の関心事なり。

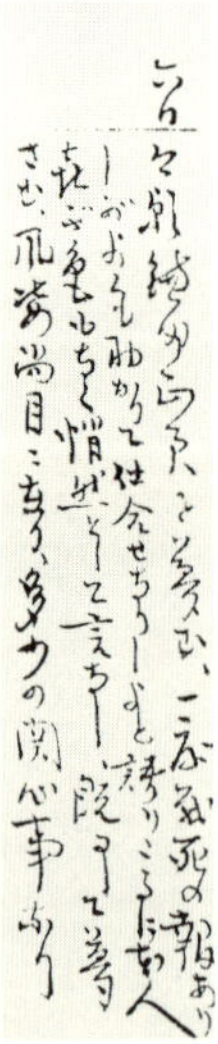

諸橋先生の日記(昭和十九年十月六日)

とある。実は私はその頃許昌の兵站《へいたん》病院で療養中であった。七月二十四日に戦傷、五日後の七月二十九日に襄城《じょうじょう》の野戦病院に転送され、八月六日に許昌の病院に転送されたのである。その後、この病院に留まること約二か月に及んだ。戦傷の傷は容易に癒えず、歩行困難に加えて栄養失調となり、殆ど食事ができず衰弱の極に達したためであろうか、受傷の際、強く胸部を打撲したことから右胸膜炎を併発した。当時の若い軍医は、何と胸膜炎の腹水を取り出す技術に欠け、その時こそは生命の危険にさらされた。私の兄弟たちは呼吸気病で倒れているから、あるいは自分にも最後の時期到来とも考えて苦悩した。病院でも施すすべがないと考えたもの

か、私を患者が次々に息絶えていく重症患者の病棟に移した。私の驚いたことは、死期の迫った患者にまつわりついている虱は、居所移動を開始する。一晩に百二十匹も私のベッドに移動したこともある。こんな病棟で死んではたまらないと、ある日杖をたよりに病庭に外出した。ここは河南大学の広い校庭であった。見上げる十月の秋空は青々と晴れ渡り、雲一つなかった。折から轟々と響き渡る天空の音、仰げば荒鷲数機、南方を指して飛んでいく。二度と帰らぬ若人の姿。ああ、済まない。こんなことで死んではならない。生きなければならない。油然《ゆうぜん》として力が湧き起こった。

高く澄む空を仰ぎてわれ立てば　荒鷲の音に五体湧き立つ

私は軍医の前に嘆願した。「あの病棟を換えてください。腹水を取ってください。」折しも何たる幸いであったろうか、院長は召集古参の軍医少佐に交替されたばかりであった。「よし診てやろう」と言って、その院長が背中から指した針は巧みにも腹水を吸い上げたではないか。身も軽々として別天地にある思い。それから小学校時代に怪我をした時、仲々癒えない傷を硼酸軟膏で治した昔を思い出して、その事を軍医に申し出た。幸いにしてその軟膏があり、傷口も数日にして全癒したのであった。

今なお不思議でならないことがある。私が恩師の夢枕に現われて、問いかける恩師の問いに一言も答えなかったという。私の悄然たる姿に、恩師は私の身を案じられたということである。あるいは沈痛の極に悩んだ私の思いが、恩師に通じたものであろうか。

付記すれば、後日談になるが、私にも恩師の苦痛を夢にみたことがある。恩師が亡くなる前年のことである。私は真夜中に「苦しい」と叫ぶ恩師の夢を見て、正夢ではないかと床より起ちあがって、「大変だ。恩師に変わりが起こったのではあるまいか」といって、恩師のお宅に電話しようとしたところ、まだ真夜中である。やむなく夜の明けるのを待って、早暁恩師のお宅に電話すると、何と恩師はその真夜中に腹痛耐え難い重態に陥り、東京逓信病院に入院されたとのことである。早速米山寅太郎君にも連絡して東京逓信病院に駆けつけた。先生は腎盂炎であったが、名医土屋病院長の治療でよくなったといってお元気で起きておられたので安心した。

思えば先生の苦痛が私に通じたのであろうか。まことに師弟苦痛の極限における夢の通い路であった。恩師が私の身を案ずればこそ、私が恩師の夢枕に現れ、私が恩師を慕えばこそ、恩師が私の夢枕に現れたものではあるまいか。

五、温情溢れる恩師の書翰

出征中、恩師から二通の音信をいただいている。第一通は次の音信である。

許昌の兵站病院で更生の思いをした私は、昭和十九年十月二十六日、新郷の陸軍病院に転送され、続いて翌十一月二十一日、北京陸軍第二病院に転送された。極寒の北京で白衣一枚の私は、見舞いの兄に救われて寒を凌ぎ、奉天陸軍病院を経由して翌二十年一月末、懐かしの内地、臨時福岡第二陸軍病院に転入した。外地よりここに転入した患者は、おおむね一週間以内で召集解除になって帰宅しているが、私はどうしたわけか、その幸運には恵まれなかった。荏苒《じんせん》ここで過ごすのかと身の不遇をかこち、空虚な淋しい日々を送っていた二月十日だったと思う。封書の半ば破れかけた一通の手紙が配達された。懐かしの恩師からの書翰である。

拝啓爾来御無音申上候。陳者《のぶれば》先般は訛伝に驚かされ、哀悼痛惜、為に失措いたし居り候処、只今は貴書拝接、雄渾淋漓《ゆうこんりんり》なる墨色に御健容を想望し只々嬉しく且つは安慰いたし候。乍《さり》去《ながら》定めし尚十分の御回復にはあらざるべく、今後、急速寒威の襲来する北支辺陬《へんすう》の地に在りては、一段の御自愛御保養こそ真に希望に不堪候。戦局も愈々《いよいよ》本格的段階に突入、銃後の国民も将兵諸君と共に緊張の生活に終始いたし居候。昨日来、台湾沖、比律賓《フィリピン》方面の快報、近来の会心事として我も人も慶賀いたし居候。乍去全局の勝敗は固より今後の努力にかかるべく、ゆめ油断などはなるまじかるべきか。小生など已に衰残の身、何の御奉公も出来不申今日にて、ただ慚愧を覚え居候へども、唯貴君等をはじめ、また全国幾万の学徒が凡ゆる方面に華々しき活動を継続するを耳にして、育英畢竟《ひっきょう》徒然の業にあらずと満足いたし居候。度々御懸念を頂き候大辞典の業は時局の波に蕩揺せられ、兎角遷延勝に候へども、第二巻は年内に第三巻第四巻は多分明年中に出版相叶ひ可申かと存じ候。今春以来、小林信明君を煩し一切の運営を嘱し居候。まずは貴答のみ如此。呉々も御摂養被成下《なしくだされ》度《たく》、尚御家族も全く御無事の御様子、御安慰可被下《くださるべく》候。

轍草々

神嘗祭佳日

鎌田君侍史

この書翰は、十月十七日、神嘗祭の佳日に、許昌の病院宛送られたものであるが、許昌から新郷の病院へ、新郷から北京、奉天の病院と回送されて福岡の病院に四か月を経て配達されたものであった。兵馬倥偬《こうそう》、交通も途絶えがちであった当時において、よくぞ転々無事に回送されたものである。思うに恩師の門人愛の衷情が然らしめたものではあるまいか。
　まさに一字千金、涙ながらに何度も読み返した。もう内地へ帰ったのだから、あるいは召集解除になるかも知れない。その時こそ、恩師のライフワークである『大漢和辞典』の完成に全生命を抛《なげう》ってお手伝いしよう。「人生意気に感ず。功名誰か復た論ぜん」と心中ひそかに固く誓ったのである。私の生涯を運命づける一瞬であった。

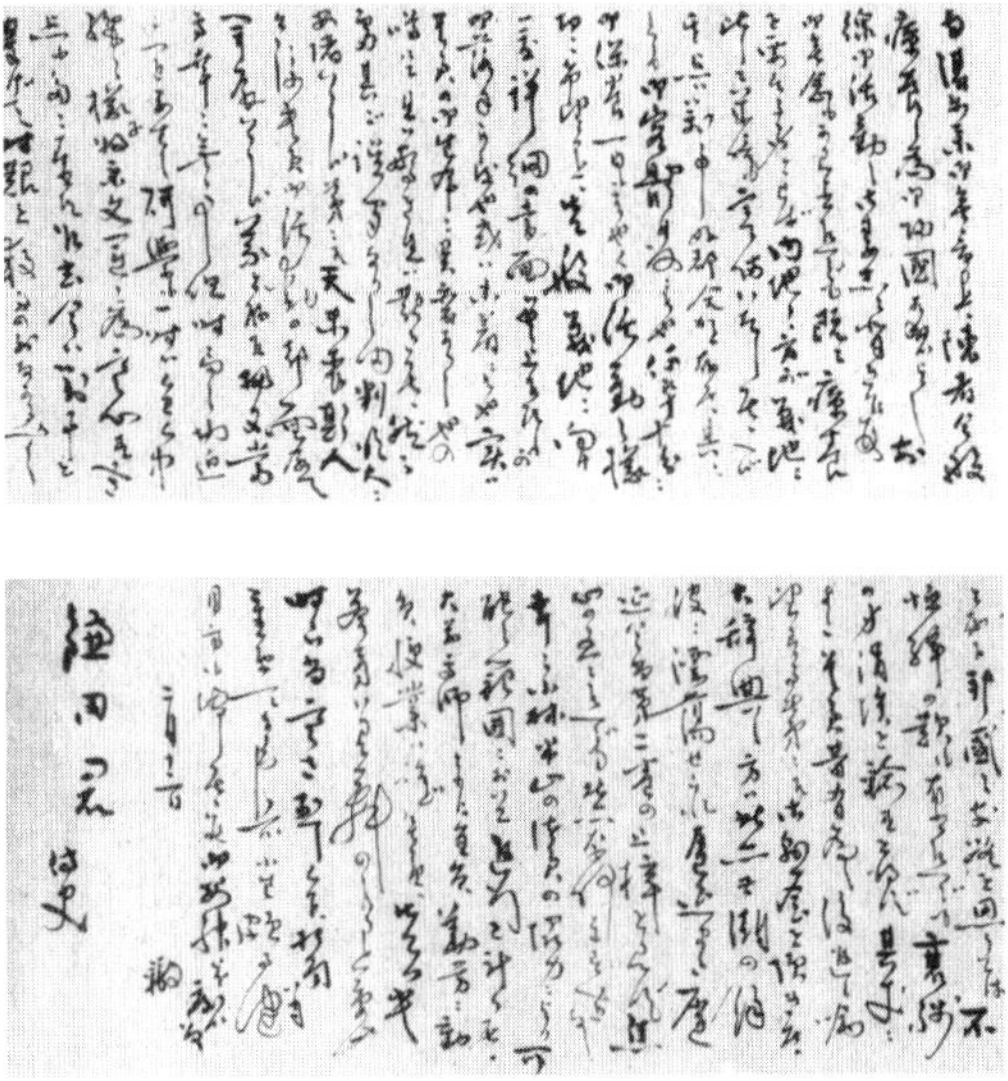
諸橋先生からの手紙（昭和20年２月12日付）

　ところが、その二、三日後、またまた恩師からの第二通の書翰が届いた。内地福岡の臨時第二陸軍病院に還送されましたという私の音信に対するご返信であった。

　拝復爾来御無音申上候。陳者今般
療養の為御帰国相成候よし、前線

御活動の御素志に背き候段、御無念も可有之《これあるべく》候へども、既に療養を要する身とせば、内地の方が戦地に比して幾倍も完備いたし居候へば、其点万事好都合かと存居候。其にしても御容態如何に候や。何卒十分に御保養一日もはやく御活動の様切に希望申上候。先般戦地に向け一度詳細の書面差上候しが、御落手被致《いたされ》候や、或は未着に候や。実は貴君の御生命に異変ありしやの噂にて且つは驚き且つは嘆き居候。然る処甚だ誤聞なりし由判明、大いに安堵いたし候次第に候。天未喪斯人、今後貴君御活動の部面愈々開展いたし候義と存候。扨《さて》又当方幸に無事、但事局の切迫につき学生の研学も一時は全く中絶の様子、将来文運の為寒心すべき点も多々有之候。乍去今は万事を挙げて時艱を救ふの外なかるべくと存候。邦国の前途を思うては不恤緯《ふじゅつい》の嘆（注：機織りのやもめが緯〔横糸〕の少ないことを心配しないで、自国の滅びることを心配したという故事。転じて、自分のことはさておきひたすら国を憂える意に用いる。『左伝』昭公二十四年に見える）も有之候へども、衰残の身、涓埃《けんあい》を輸《いた》すを得ず、其丈にまた貴君等有為の後進に嘱望する次第に候。御懸念を頂き居候大辞典の方は此亦無漸の餘波に漂蕩せられ遅延また遅延、今尚第二巻の上梓を見ず、焦心の至に候へども、此亦奈何《いかん》ともすべきなし。幸いに小林・米山の諸君の協力により可能の範囲において進行を計り居候。大学高師ともに全員勤労に動員、授業は殆ど無御座候。

先は貴答旁々御見舞のみ申上候如此。時下尚寒さ烈しく候。折角御自重専一に奉申上候。
小生頗《すこぶ》る健、目方も増し居り候。御安神被下度候。草々

二月十一日　轍

鎌田君侍史

感涙また感涙、「天未だ斯の人を喪ぼさず、貴君御活動の部面愈々開展いたし候義と存候」に至っては、身にあまるご激励に感激措く能わず、恩師畢生《ひっせい》の大業が、切迫せる時局に漂蕩され、第二巻の刊行が今日なお遅延と承り、一日も早く膝下に参上して犬馬の労に服したく、第一報拝読の折の決意を重ねて天地神明に誓った次第であった。

恨むべし、二月二十五日、帝都を襲った敵機の劫火《ごうか》は、私の留守宅はもちろん、『大漢和辞典』の出版社大修館書店の本社及びその製版所をも焼失してしまった。

六、東宮殿下御進講の『漢文教科書』編集の助力

私は昭和二十年六月二十六日、福岡の病院で事故退院となり、一時津田沼の留守隊に帰るこ

とになったが、赤十字マーク付きの列車までが爆撃されて急遽下車することもあった。越えて同月三十日、召集解除となって帰京した。「国破れて山河在り」といおうか、あの殷賑《いんしん》を極めた帝都は見渡す限り見る影もなかった。

早速、恩師のお宅をお訪ねすると、恩師はその年の十月に東京文理科大学を定年退官されることになっており、その明年から東宮殿下（只今の陛下）に六か年間、漢文を御進講する大命を拝しておられた。そのころ、宮中では東宮学問所が廃止されて、東宮殿下も学習院で他の生徒と一緒に修学されることに決まり、恩師は御進講される漢文教科書を編集しておられた。そのころ恩師は白内障で、近く手術をされることになっていたので、「よい時に帰って来てくれた。今、漢文教科書を作っているが、眼が不自由で困っている。大体の草案ができているから、上下二冊にまとめてほしい。」と言われた。私は郷里に疎開していた家族のもとに帰り、静養しながらこの漢文教科書のまとめにかかった。

拝復御葉書拝見、就いては御無理無き範囲において読本巻一の材料お集め下され度、小生の立案を別封参考書と共にお送り申し候。宮内省にも君を助手として御願いする旨申し通じ置き候。小生国にて眼の手術をするとせば精々八月一杯にて九月初旬に帰郷すべく従て貴君も九月前は御東上の必要之無存候。尚又九月御東上願ふ日取も改めて可申上候。其迄は緩々御静養可被下候《くださるべく》。明日帰国の予定なり。

八月一日　　　　　　　　　　　　　　　　　轍

鎌田君侍史

かかる事情の下に漢文教科書二冊は出来あがり、恩師は翌昭和二十一年六月五日、小金井東宮仮御所において皇太子殿下に対し、初めて漢学を御進講し、以後六年間毎週二回ずつ学習院において御進講された。恩師は、東宮殿下に対する御進講をもって無上の光栄とし、眼が不自由であったにも拘らず、誠心誠意、匪躬《ひきゅう》の節（注：わが身のためをかえりみないで、忠節を尽くすこと）を尽くされたが、私もまた恩師の大業に対し、ご助力することのできたことは、感銘にたえない光栄であった。

第三章　『大漢和』の惨禍と不撓不屈の再建

一、『大漢和辞典』著作の動機

まず恩師がライフワークともいうべき『大漢和辞典』全十三巻をなぜ作ったかということをお話ししたい。恩師は三十七歳の時、二か年間、中国に留学された。そのころ中国に留学される方は少なかったと言われているが、恩師はこの二か年間、専心学問され、「一つの事を研究するにも一種類や二種類の辞書では役にたたない。多くの辞書類や文献を調査しなければ明かにならない。それには莫大な時間がかかる、それならば一種類の辞書で、『説文』も『韻書』も人名・書名・地名・動植物等、あらゆる分野を総合した辞書を作ってみようか」と考えられたといわれる。

そのころ、『康熙字典《こうきじてん》』という清朝の康熙五十五年（一七一六）に完成した字書があり、過去二千年来の字典の集大成ともいうべきもので、当時最も権威あるものとして尊重されていた。

しかしこの字書は一字一字の解釈は詳しいが、残念なことに熟語、広くいえば語彙を掲載していなかった。また、同じく清朝の康熙五十年（一七一一）に完成した『佩文韻府《はいぶんいんぷ》』という類書は、語彙を多く集め、その出典や用例を広く掲載しているが、これまた残念なことに、その解釈が施されていなかった。そこで恩師はこの『康熙字典』と『佩文韻府』の欠を補った大辞典を作ってみたいと心に期して帰国し、昭和の初頭から辞典の編纂に利用する索引を四、五十種類作成して準備にかかったといわれている。

恩師が『大漢和辞典』の編纂に志した動機はもう一つある。それは『大日本国語辞典』という国語の辞典としては画期的なものであるが、この辞典の著者松井簡治博士は、恩師が東京高等師範学校在学時代の担任をされた方である。その松井博士がある時恩師に対し、「自分は国語の大辞典を作ったが、漢和の大辞典はまだ作られていないから、ひとつやって見てはどうか」という推奨があり、それが恩師の『大漢和辞典』を作る一つの動機にもなったと話されたことがある。『大日本国語辞典』といえば、私の附属中学校在職時代、松井博士の令孫松井栄一君の学級担任をしたが、祖父と父の遺業を集大成して、『日本国語大辞典』を編纂した中心人物であり、それが完成した昭和五十一年（一九七六）三月以降もその補訂の事業を続け、増補語彙五万語、用例補充百万を加えて、平成十二年十一月にその補訂版を刊行された。学界の一大慶事である。

さて、そのころ鈴木一平という大修館書店の社長が一冊程度の漢和辞典の刊行を志し、その著者として附属中学校で博物の先生をしておられた水野弥作先生の推薦により、恩師を訪問して漢和辞典の編纂を依頼された。

時に昭和の初頭であった。

その当時の鈴木社長の辞書出版の意気込みは軒昂たるものがあった。曰く、

大正から昭和の初期に於ける出版界の情勢として、一国の文化を代表するほどの出版は誠に少ない有様であった。当時三十八歳の私は、「いやしくも出版は天下の公器である。一国文化の水準とその全貌を示す出版物を刊行せねばならぬ。これこそ出版業者の果たさねばならぬ責務である。」と固く信じ、先ずは生命力の永い良い辞書の出版を考えた。そこで私は第一に、実際に役立つ便利なもの、第二に、決して他人に真似の出来ないもの(正確で他より優れた特色を有するもの)、第三に、後世まで残るもの、という三つを考え合わせ、一冊ものの漢和辞典の出版を思い立った。

ところが、恩師は当時学位論文の執筆中でもあり、且つ出版社としては未だ名をなさなかった大修館書店であり、しかも僅か一冊の辞典の依頼には当初から心は動かされなかった。しか

し、「この先生を」と見込んだものであろう。鈴木社長は一回や二回の辞退では諦めなかった。「一念岩をも徹す」、根気よく足を運ぶこと一年三か月余で、漸く恩師の承諾を得ることができた。時に昭和二年（一九二七）の初頭であった。

二、『大漢和辞典』の骨格

当時、恩師は大東文化学院の教授をもしておられたが、その学院で学園紛争があり、多数の学生諸君が退学や休学の処分を受けていた。大東文化学院といえば、団匪《だんぴ》事件（一八九九年から一九〇〇年、中国の清朝末期に起こった反キリスト教排外運動で義和団の乱ともいう）の賠償金で建設された東洋文化の研究を主とした専門学校であるが、教授陣は当時の碩学を集め、学生は特に漢文の読解力が優れていた。そこで恩師はこれら学生諸君の生活の補助にもなると考え、その優秀な者に委嘱して編纂に着手した。最初は数名であったが、後には六十余名にも及んだ。恩師と同郷同年で、東京高等師範学校でも同じ国語漢文専攻科の卒業であった東京女子大学教授の近藤正治先生は、恩師の心友であり、この『大漢和』の最初からの相談相手であり、学生諸君の書いた原稿を恩師と共に点検整理の任に当たられた。

次に、あの膨大な『大漢和辞典』の骨格について述べておこう。

先ずは親文字である。当時辞典の権威として四万七千字を収録している『康熙字典』を超えること三千余字の五万余字を収録しているという点でも、この『大漢和辞典』は特色があるが、その字音を示す韻書は北宋丁度の『集韻』を中心として、南朝梁の顧野王の『玉編』や北宋の陳彭年の『広韻』、明の『洪武正韻』等、数多くの韻書を用いている。字音は元来、『広韻』を基本とすべきであるが、その収録する字数は二万六千百九十四字で、『集韻』の方がそれより二万七千三百三十一字も多いので、『大漢和』では『集韻』を基本としている。

親文字の字音として、『韻書』、反切、韻目を示し、注音符号までもつけた懇切なものは、蓋し『大漢和辞典』を以て嚆矢《こうし》とすべく、また親字の字体『説文』の篆文《てんぶん》や異体字の或体、あるいは籀文《ちゅうぶん》・古文等まで掲げている。但だ惜しむらくは、甲骨文を載せていなかったのは、当時その研究が定まらなかったことに因ると思われる。

親字の解釈としては、おおむね清朝の阮元の『経籍籑《せん》古』を基本にしているといわれるが、それよりも更に詳細であり、「名乗」を挙げているのも、わが国の過去の人名理解及び命名の現代的活用上も極めて便利である。問題となるのは、親文字の語源的解説において、象形・指事・会意のみをあげて形声の説明をしなかったことであり、また甲骨全文に基づく解明を施さないことである。形声文字は漢字の八割にも達するといわれるが、これの解明を省略したのは、その音符・意符が容易に察知できるからであったと考えられるが、今日の文字学では、音符にも意味があるから、今後改訂をする機会には、是非とも考慮して稿を起こすべきものと考えられる。

『大漢和辞典』の最大の特色は、その熟語の出典を明記し、その用例の豊富なことである。一つの熟語の出典や用例として引用する資料が、経・史・子・集や類書にわたって歴史的に掲載され、その語義を示す古来の注釈までも示されていることである。

しかも、この熟語の出典や用例の出所の篇目名を正確に示していることは、本辞典の最も特色としているところである。従来の辞典にはこの形態のものが少なく、たとえ有っても簡略にすぎて用を為さず、或いは誤記も少なくないのである。語彙の出典や用例の基づく原典資料の出所を正確に示したことは、本辞典の特に誇り得ることで、学界に貢献することが極めて大であった。

このような骨格にまとめられている本辞典の編纂上の努力は、想像に絶するものがあるが、この体裁にまとめるまでには、昭和二年(一九二七)三月より同八年三月までの僅か六か年であった。その収集した親文字は約六万、熟語は百二十万語に及んだといわれるから驚きにたえない。

これが本辞典の第一期事業の第一次工程であるが、実はこの間、重大なことが起こった。親文字にしても語彙にしても実に膨大で、とても一冊にまとまるものとは思われなかった。恩師がこの実情を出版社の鈴木社長に話したところ、鈴木社長の度量は大きかった。「国語の辞典では何冊もの大辞典があるが、漢和辞典にはその例が全くない。男一代の事業である。それなら何冊になろうとも、思う存分気の済むように進めてほしい」と語ったという。

かくて事業は進捗したのであったが、兎に角僅か六か年であの膨大な辞典の骨格になる体裁をまとめたというのは、特筆に値することであった。と申しても、もとより恩師の指導と努力も並み大抵ではなかった。そのころ恩師が静修義塾以来の盟友で『大漢和』編纂当初よりご助力の近藤正治先生に、

拝啓先夜は遅くまで御執務を御願恐入候。其後色々と考慮もし実験もいたし候結果、同一のものを福田（福一郎）川又（武）一回、貴君一回、小生一回見通し候ひては、いつ迄も成果を得ず、且つ同一の問題に各回同一の疑問調査を要する重複的空費有之様に被感、いっそ一度に時間を要し候とも、四氏会議、其の席にて最後案を得候方確実にして且つ結局は捷径《しょうけい》にあらずやと被存候。就いては御家庭にての御調査は全部中止、其の代わりに一

週二回御枉駕《おうが》を頂くことは不可能に候や。本日二君と相談いたし候案は、木曜三時より夜九時迄、土曜一時より六時迄の二回といたし候。尤も曜日及び時間は更に御都合を伺ひてもよろしく候。差当り今週土曜午後一時より開催致度存候。先は御願旁々御伺ひ如此。万在拝晤候。

との書簡を出しておられる。恩師自身が他の三氏と原稿の整理調整にご苦労されたことがうかがわれる。このことはまた、近藤先生の令夫人哲様も、

私は昭和七年の春近藤家に参りました。当時毎週日曜日は朝八時から午後三時まで、水曜日は夜七時から九時半頃まで、原富男様、川又武様、渡辺実一様が見えて共に辞書の仕事に専念して居られました。私も時には、少しでもお役に立てばと、出典さがしのお手伝いをすることもございました。

（『ねむの花かげ』――〔近藤正治先生の令夫人哲の歌墨集。歌道に長じ書に巧みな哲夫人が九十一歳の時、昭和五十九年に上梓された〕、五〇頁「諸橋先生と亡き夫近藤正治」より）

と記録されており、恐らく恩師は辞典の編纂にそれぞれ担当の協力者と協議して成案を作成することに没頭されていたのであろう。それにつけても、その骨格となる原案を作成された大東

文化学院の学生及び卒業生に対しては、心から賛嘆の声と敬服の念を禁じ得ない。

かくて浄書された原稿について内容を厳選して圧縮し、あるいは足らざるを補い、昭和九年七月より十二年七月までの三か年に全部製版に組み終えているが、これも容易ならぬ難行であった。

三、遠人村舎

『大漢和辞典』の編集所といえば「遠人村舎」がそれであったと考えられるが、実はその編集室はもと豊島区雑司ヶ谷の諸橋邸の応接間の一室であったという。すぐ隣に菊池寛の邸宅もあったといわれる。やがて資料も増加し、原稿の枚数も多くなり、応接間一間では手狭になったので、近所の二階建ての古い家に移転したと聞いている。この間のことは、原田種成氏の『漢文のすすめ』に詳しく記されている。

その二階建てでも不自由になってやがて杉並区天沼のかなり広い一軒屋に移転した。これに恩師は「遠人村舎」と命名した。東晋の田園詩人として有名な陶淵明の「園田の居に帰る」と題する第一首に、

曖曖《あいあい》たり遠人の村　依依《いい》たり墟里の煙

と歌われている句がある。「ぼんやりとかすむ人里離れた村、そこからゆらゆらと夕餉の煙がのぼっている」という、俗界を離れた、田園の夕ぐれの景色であるが、この語句に基づいて「遠人村舎」と命名されたのである。恩師が生涯愛してやまなかったふる里の農村さながらの情景に心ひかれると共に、『大漢和辞典』という大著を完成するには、「人から遠ざかる」「俗人から遠ざかってこの編纂に専念する」という意を寓しての命名であった。この遠人村舎に留まること約二か年、その後編集所は昭和十二年四月から新宿区西落合の恩師の新しい邸内の茶室に移転した。いよいよ刊行の時機も近づいて来たので協力者との接触の機会も多くなったことからの移転と思われるが、遠人村舎の名はそのまま踏襲された。

遠人村舎の諸橋先生

この「遠人村舎」は、平成八年八月、恩師の生家の側に諸橋邸から移築復元されて、今日では茶室などに利用されている。

これは『大漢和辞典』が刊行され、勲一等を叙勲されてからのことであったろうか、ふと恩師を訪ねると恩師は旧遠人村舎の一室に閉じこもっておられた。その時恩師は書類やアルバムの整理を終えて何一つないガランとした部屋の中央に静座しておられたが、やおら私に質問された。「この部屋に静座してなにを感じられるか」という問いであった。事の咄嗟《とっさ》にとまどった私は、「無用の用」とでも答えようとしたが、それもどうかとためらっていると、

「虚室、白を生ず」

と言われて、さもさばさばとしたご様子であった。

「ああ、『荘子』の言葉ですか」

と問い返すと、

「そう、荘子の心境である」

と答えて、静座を崩さなかった。

「虚室、白を生ず」とは、『荘子』の人間世編に見える言葉である。相対の世界に捕らわれていては、物の真相は分からないが、何ものもないガランとした部屋に雑念を去って静座しておると、あたかも白い光線がさしこんで来て明るくなるように、心にひらめくものがあって物の

真相がはっきり分かってくるという意に解される。

齢、九十を越された恩師が、喜憂交々の人生を渡り越えて、相対の世界に一喜一憂する境涯を脱して、真実の世界を、この虚室に大悟されたものでなかったかと思われてならない。

四、『大漢和』協力の第一歩

私が東京文理科大学を卒業し、大学の助手を経て昭和十三年四月より東京高等師範学校附属中学校の教師になった経緯は前編第五章で述べたが、その年の暮れであったと記憶している。私と高師も大学も同級生で、私の後任助手をしていた米山寅太郎君（現在、財団法人静嘉堂文庫長）と私の二人が恩師のお宅に呼ばれた。恩師は部厚い校正刷りをドシンと重ねて、

自分は生涯の事業として『大漢和辞典』を編纂して来た。もう全部活字に組んで、第一巻は四校も終わり、来春早々にも出版する予定であるが、もしこの内容に誤りがあったら遠慮なく指摘してほしい。

と言われて、第一巻の三十二枚ほどの校正刷りを渡された。私どもは当時大学を卒業して日も

浅く、それほどの学力もなかった。けれども恩師の命令であり、それこそ真剣になって校正刷りを調べた。

するとと資料の読み方や仮名遣いなどについて疑問視されるものが多くあったので、これを恐る恐る恩師に報告した。すると恩師は即座に「これは大変だ。出版は延期する」と言われて、あれほどまでに進行していた辞典の出版を惜しげもなく延期されてしまったのである。

日を改めて二人はまた呼ばれた。

君等が熱心に見てくれてよかった。原稿には欠点がある。何年かかってもよいから思う存分直してもらいたい。

と言われ、二人だけではとても為し得ることではないということで、三人の先輩、すなわち近藤正治先生と東京高等師範学校教授の小林信明氏、学習院教授の渡辺末吾氏と一緒に、併せて五人で修正作業に着手することになった。

時に昭和十四年四月、これが私共の『大漢和辞典』の編纂に協力した第一歩であった。

恩師は何年かかってもと言われたが、五人による修正の事業は粛々として進行した。一日少なくとも三、四時間のノルマで月に二回の編集会議が行われた。それぞれの担当の部分、特に語彙の出典や用例の引用文の読解に疑問のあるものについて恩師を中心として論定することが、編集会議の主な作業であった。

五、出版記念会と朝日文化賞受賞

このような作業が黙々と続いて、四年後の昭和十八年（一九四三）六月には、大漢和出版記念会が東京会館で開催され、九月にはその第一巻が刊行されたのである。

恩師の六月四日の日記には、

朝、風吹きたれど天気よし。けふは予の周甲の日（満六十歳の誕生日）なり。而して『大漢和辞典』の披露会の日なり。午後五時、東京会館において同会を開く。武井厚生次官（群馬師範時代の教え子）司会となり、食前に先ず予の挨拶、次に岡部文部大臣の祝辞、其にて食事となり、食後には市村博士、王満洲国大使、蔡中華民国大使、河原文理大学長、三土枢密顧問官の順に御祝辞あり、学界はじめ二百七十名参集、此にて予も面目を施せるものといふべし、双影を拝す。

とある。「双影を拝す。」とは恩師の書斎に掲げられてあるご両親の肖像写真である。恩師はご自身の栄誉にかかわる慶事などがあった場合には、必ずご両親のお写真に拝礼してご報告しているもので、その孝行の心情が伺われる。

私は、この第一巻が刊行された年の十一月に召集を受けて大陸の戦線に参加し、『大漢和』の修正作業から離れるの余儀なきに至った。

戦局の熾烈なるに従い、出版の用紙も制限され、第一巻刊行の際は、予約申し込みは三万部であったが、一万部しか発行できなかった。特記すべきは、その予約申し込みの第一号は、後に自由党の総裁になった緒方竹虎氏であった。流石に文化人である。

翌十九年正月に、恩師はこの著述刊行で朝日文化賞を受賞されたが、私は悲しくもそれを蒙疆の平地泉で出戦準備の訓練を受けている最中、現地に送られて来た新聞紙上で知ることができたが、思いを遠く恩師の身の上に馳せて万感無量であった。

六、空襲による全焼と再建の決意

「人間万事塞翁が馬、禍福は糾《あざな》える縄の如し」といわれるが、恩師や出版社の大修館にとって重大な事件が発生した。それは昭和二十年二月二十五日、帝都を襲った大空襲により、出版社の大修館書店は全焼し、『大漢和』全文組置きの原版や『大漢和』編纂の大切な資料等一切が無惨にも尽く烏有《うゆう》に帰してしまったことである。恩師の同月二十六日の日記には、

> 朝、鈴木一平氏より電話あり、昨日の敵の爆弾焼夷弾により、店も工場も全焼、『大漢和辞典』の活字等全滅との事なり。聞き取りし際は、かねて覚悟のこととて別に驚きもなかりしが、時の経つにつれて、二十余年の血肉を一朝の劫火に滅せられし無念さ、それと余生に望無き心淋しさひしひしと身に沁み渡る。
> 「人は死する迄は生く」といふ予の近時の哲学に心落ちつく。

とあり、いかにその衝撃の大きかったかを知ることができる。

しかし恩師はこの衝撃に屈するものではなかった。越えて二十八日の日記には、

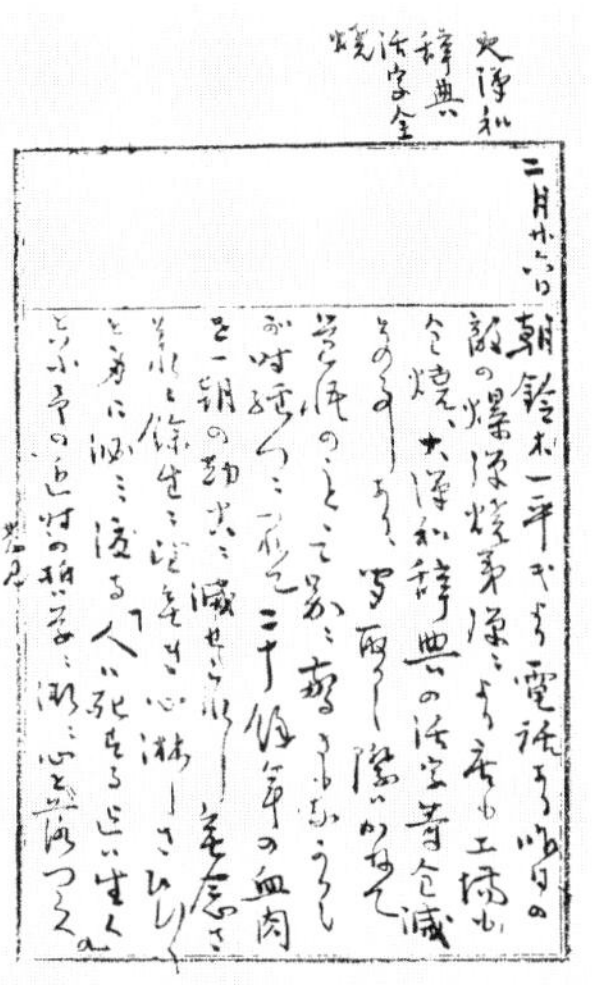

諸橋先生日記（昭和20年2月26日）

朝来、『大漢和辞典』の原稿などを整理す。淋し。

とある。思うに恩師の手許にあった『大漢和』の全巻にわたる棒組みの最終校正の原稿の整理に着手したのであろう。恩師は他日の再起を期しての整理であった。恩師は眼の不自由なるにも拘らず、黙々として整理を続けて、五十八冊にまとめ、同年三月十一日に静嘉堂文庫に保管された。「備えあれば憂えなし」という。この保管した資料が後日大いに役に立ったのである。

恩師は『大漢和』の事業の時期区分をされているが、昭和の初頭から終戦の哀詔を拝するまでを第一期の創業時代、資料の収集と整理に従事した時代としている。

大約二十年の粒々辛苦が一朝の劫火によって灰燼《かいじん》に帰し、加えてわが国前古未曽有の敗戦となり、無条件降服をせざるを得なくなったのである。恩師の憂国の情は察するに余りあり、一時は事業の再建などは考えなかったが、時のたつにつれて、どうしても再建せざるを得ない心情にせまられた。

祖国がかかる一大変故に遭遇したのであるから、一箇の私の事業などはいかなる運命になっても仕方がないと一時は諦めたが、その後時の経つにつれて又別の考えが起こってきた。それは著者としての責任感である。

私は既にこの書の刊行を天下に公約した。現に第一巻を購入した多くの人々もある。それらの人々に対して、たとへ幾多の困難があるにしても、このまま事業を中止することは許されない。且つ又、従来この書に深い同情を寄せて下さった多くの人々もあった。

それらの人々に対しても同様である。一面又、亡友その他かつての協力者に対する已み難い心情もあった。川又武君は事業の当初から殆ど二十年間に亘り精根を尽くしてくれた人である。又、渡辺実一君、真下保爾君、佐々木新二郎君も同様、長きは十年、短きも五、六年、終始事業のため精励してくれた。然るにこの四君は終戦と相前後して約一年の間に共々世を去った。これは事業完遂の行程に於て私の受けた最大の傷心の事柄であった。この四人は共に大東文化学院の出身である。外にも同学院の出身者で私に協力してくれた人は少なくない。この事業の前半は、それらの人々が中心となって分担したのである。従って私としては、これらの諸君の志を達成する意味に於いても、全巻を仕上げなければならぬ。

（昭和三十年十一月三日文化の日、大漢和辞典序）

とは、当時における恩師の偽らざる心情の吐露であった。因みに、川又武教授は、恩師の奥様の甥にあたり、恩師のお宅の近くに住んでおられたが、悲しむべし、二十年六月八日に他界された。その翌々十日に葬儀が営まれたが、戦禍の拡大、物資の欠乏により棺を求めるを得ず、張り板三枚で棺を作り、大八車に載せ、隣組の左官屋さんがこれを引いたといわれる。この惨状を見送られた恩師の心情はいかばかりであったろうか。この霊を慰めるためにも、どうしても『大漢和』の再建を企てざるを得なかったのではあるまいか。

かくて恩師は大修館の鈴木社長とも協議の上、再建を決意され、私ども五人を呼ばれて、

今の時勢に、この辞典を刊行することは到底望めない。しかし時が来たらば何時でも出版できるように整理して置いてくれないか。

というご依頼があった。

幸いにも先年恩師が静嘉堂文庫に保管させて置いたものと、甲州に疎開させて置いたものなど三部の校正刷りが保存されておったので、この校正刷りを整理修正する作業であった。

私どもはもちろん欣然お引き受けして、作業を開始したのは昭和二十一年正月早々のことであった。物心共に窮乏の極にあった当時において、戦前と同様、一日少なくとも三時間かけて進行に着手した。

恩師はこの作業中、度重なる窮境に陥っておられた。二十一年春に千葉医大で白内症を手術

した結果がよくなく、その十一月には右眼が失明し、左眼も殆ど物を弁じ得ない状態に陥った。また四十年も苦楽を共にされた最愛の奥様が昭和二十六年七月三日、六十四歳で他界されておられる。しかしこれらの逆境に屈せず、不撓不屈、『大漢和』の再建進行に腐心されたのであった。私どもの感銘にたえないことは、この窮状にありながら皇太子殿下に漢学ご進講六か年の大役を果たされたことである。それこそ心眼を開いてのご奉公であったと思われる。一方大修館の鈴木社長も社屋並びに整版所を焼失するという惨禍を蒙りながら恩師同様不撓不屈、社運をこの辞典にかけてあらゆる困苦欠乏に耐えたのであった。

七、感動すべき三大義挙

黙々として進行する作業中、私どもの深く感動してやまなかった三つの大きな義挙とも称すべきものがあった。その一つは、出版社の鈴木社長の三人のご子息が進んでこの作業に身を投じたことである。社長の鈴木一平氏は、明けても暮れても『大漢和』のことで四苦八苦しておったので、これを見るに忍びずとして、長男敏夫君（後に三代社長）、次男啓介君（五常写植社長）、三男荘夫君（四代社長）の三人がひそかに相談して、学業を中途放棄しても事業を援助しようと決意されたのである。長男は慈恵医科大学在学中であり、次男は第二高等学校を卒業し東京大学進学の準備中、三男は一橋大学在学中であった。その中、三男は卒業も間近であったから、卒業後入社することにした。三人とも私が附属中学校での教え子で、揃いも揃っての俊秀であり、それぞれの進路に希望をもっていながら、自分たちの夢を一切捨て去って父親を助けるというのである。この親にしてこの孝子あり、というべきか。

私どもはこれを耳にして深く感動せずにはおれなかった。辞典進行の一つの有力な原動力となったことは事実である。

その二つは、活字の問題である。私どもの作業も予定通り進行し、何時出版を開始しても差し支えない状態になり、社会情勢も少しく安定して来たので、出版に着手しようとしたが、五万余にわたる漢字の活字を製作する職人はどこにも見当らなかった。百方手を尽くしても万策尽きたという時に耳にしたのは、写真植字研究所（今の写研）の存在であった。一字の原字さえ作れば、伸縮自在何十種にも活用できるという話を聞いて、鈴木社長はその製作を懇請した。

向かって右より２人目一平氏、４人目荘夫氏、６人目啓介氏、７人目敏夫氏

ところが石井茂吉社長は、身体が虚弱であり、五万の原字を作れば生命の危険を冒すことになると言って、頑として承諾されなかった。『大漢和』の出版刊行に最も尽力された大修館の川上市郎専務が幾度となく懇請を続けたが石井社長は動じなかった。そこで眼の不自由な恩師が自ら足を運んで、自分のライフワークとしての大辞典の内容を懇々と説いて懇請した。これを聞いた石井社長は、それほどまでの大事業ならば、一つ自分一代の仕事としてお引き受けしようということになり、かくて窮状は一転して前途の光明を見出すことができた。

石井社長が写真植字の作成を承諾してもその字形が問題になる。

石井茂吉氏

そこで私どもは、静嘉堂文庫に存する殿版（清の宮室の武英殿から出版された書物）の『康熙字典』を原本として一字一字書写して石井社長の手許に届けて原字を製作してもらった。石井社長は七か年の日月をかけて原字の作成を完成されたが、もしこの石井社長の受諾がなかったら、『大漢和』は恐らく実現しなかったと思われる。石井社長は完成後、ほどなくして世を去られたが、この石井社長の義挙は永遠に忘れてはならない。

その三つは、井上哲次郎博士の紹介によって、上智大学の総長をされた土橋八千太翁のご協力を受けたことである。それは土橋翁は音韻学に精しかったので、『大漢和』五万余にわたる親文字のすべての字音を詳細に検討されて、その字音の誤りを訂正されたことである。一口に五万余字と言っても、この作業は容易でなく、この連絡は一切米山君が担当されたが、重い原稿を携えて土橋先生との往復は難儀を極めたと述懐されている。『大漢和』の完成までには、上記の三大義挙ばかりでなく、各方面多数の方々のご援助があったことは言うまでもない。

◇閑話休題――鼠賊、校正刷りを盗窃す

召集解除となって帰国したものの、住宅は焼失して住む家はなかった。「国破れて山河在り」と歌われているように、一面焼け野が原に立ち木が残っているだけだった。それでも復校したのであるから八方手を尽くして、目白駅の近くに、姻戚関係の二階建ての古い家を見つけ、一階の八畳間だけを漸くにして借りることにした。二階には母子三人が住んでいた。得体が知れなかったので没交渉であったが、何と言っても古い家で荒れ放題になっていたので、鼠賊の跳梁するには閉口した。真夜中など、堂々と枕辺にやってきて顔を飛び越えたりした。それでも他に住む家がなかったから、我慢に我慢して二か年ほど雨露をしのいだ。

　ところがある朝、重大な事件が勃発した。というのは、そのころの日課として『大漢和』の校正刷りを整理修正する作業が続いていたが、夜中遅くまでかかって手を加えた校正刷りの一枚の半分が切り割かれて紛失していた。

　一体どうしたのかと家内中大騒ぎになって部屋中を捜した。いくら捜しても見当たらない。さあ大変なことになった。あの紛失した校正刷りの語彙を思い出して、その出典・用例を加えるとなると、何日かかっても覚束《おぼつか》ないし、原形に復することは到底不可能である。謝罪してもどうにもならない。腹切り問題である。

　早速、大修館に車を飛ばして事態の急を告げたところ、「校正刷りは三部あるから心配はない」と言ってその欠けた部分を見せてくれた。大安心、大助かりである。早速、その部分を書き写して事なきを得た。

　時は流れる。それから一年後、私は現在地にわが家を辛うじて新築し、そこに移転するために今まで住んでいた庭の隅の物置小屋を整理した。ところがなんと、その片隅に紛失した校正刷りが鼠の巣の下敷きになっているではないか、これには驚いた。食べようとして食いちぎってきたものの、とても食料になどなるものではない。それにわからん字が一杯印刷してあって、赤インクで校正や書き入れがある。あるいは大事なものかも知れない。そっとしまって置こうとまでは考えたかどうか、とにかく原型そのままの校正刷りが発見された。膨大な『大漢和』の一部分にも、こんな秘話がこめられている。時効になったから安心して記録にとどめる。

八、『大漢和』の完成と出版祝賀会

以上の経過をたどり、いよいよ完成の時期が到来した。幸いにも恩師は昭和三十年五月に、過去十か年殆ど失明に近い状態であった左眼が順天堂の名医佐藤勉氏の手術によって開眼された。佐藤勉医師は附属中学時代、恩師の教え子であったので、そのご恩返しに必ず開眼させてあげますと、その時期を待って手術されて成功したものである。今日では白内障の手術は簡単のようであるが、当時はその時期が問題で殆ど見えなくなった時を見計らって手術をするもので、そこが名医の腕を発揮するところであったと言われていた。

左眼を開眼した先生は、校正にも眼を通すことができるようになり、同年十一月に第一巻が刊行され、その後四か年をかけて昭和三十五年五月、全十三巻の刊行が完了したのである。その全巻刊行出版記念祝賀会が五月二十五日五時半より東京会館において開催された。私がその司会を務めたが、来賓は駐日大使張厲氏、安倍能成氏、小泉信三氏、宇野哲人氏、吉川幸次郎氏、諸井貫一氏など各界の超一流の方々、総勢二百三十余名という盛会であった。

劈頭恩師から次のあいさつがあった。

（前言省略）私が『大漢和辞典』の編纂について、出版社大修館主、鈴木君と正式の契約を致しましてから今日まで、三十三年でございます。それ以前、若干準備もございましたから、三十六、七年経過したと思うのでございます。過ぎ去って見ますれば、まこと一瞬の思いも致しますけれども、またその間に、世の姿、自分の境遇にも色々の変化がございました。はじめの約二十年間は、ただまっしぐらに前途の希望に満ちて努力致しました。

その間健康の上からも最も具合の悪い時もありまして、あるいは肺炎とか百日咳とか、肋膜炎とかいうような病気もしましたが、気持ちとしては、ともかくも生き生きとして、もとの第一巻を昭和十八年に刊行いたしました。

その後、ご承知の国家の大変がございまして、二十年八月十五日には、ついに終戦の哀詔を拝さなければならんというようなことになりました。

なお、私の身辺におきまして、折から、またわたしも失明致しますし、長い間私の健康を保持してくれた家内も亡くなったということもございました。それでもともかくも私を励まし、私を助けて下さった方々がありますために、その力を頼りながら、残りました原稿の整理に従事しておりました。

当時の私の考えは、前の希望に満ちた時期とは違いまして、何だか弔い合戦でもやっておるような気持ちで過ぎたのであります。子供の時分に、平家が滅亡致します時に、知盛とか教経などが戦っておる、そういう絵双紙を見たことがありますが、私の気持ちはいつもそんな気持ちだったのであります。（中略）

辞典の完刊を見ました瞬間は、いかにも重い荷物をおろしたというような、ラクラクした感じが致しましたが、また自分がいかにも仕合せな人間であり、自分に不相応な幸福を与えられておるということを考えまして、只今、今夕においては、ただ人の情けと世の有難さとに感謝の一念に燃えておるのであります。（中略）

次に仕合わせと思いますのは、出版社の鈴木君を得たことであります。同君は、最も事業の困難な時に、自分の長男は大学に入っておるが、これは退学させる。次男は仙台の第二高等学校を卒業して東大進学の準備中であるが、これも断念させる。三男は一橋大学在学中であるが、やがて卒業したら事業に従事させる、と言って下さったのであります。而してこれを実行されたのであります。今日、本のできることについては、全く同君の誠実な力であると思うのであります。

なお、これに関連して六十年来の心友であり、且つこの仕事のため半生の心血を尽くして下さった近藤正治君が昨秋他界し、この席に居られないのは何としても堪え難い傷心の事であります。（中略）

今日、科学の進歩によりまして世界形勢は一変するとさえいわれております。しかし、そのように西洋の物質文明が盛んになればなるほど、必ずや漢字に盛られた東洋の精神文化は、強く世の中に打ち出されなければならない。その場合に、漢字の研究は、何らかの役立ちをするに相違ないと、私は唯この信念ひとすじに生きて参りました。もし私の著述が、いくらかでもその意味において役に立つならば、誠に仕合せである。而して、それが唯ひとつ、皆様のご好意にお報いする道であると考えておる次第でございます。

まことに長い間、皆様のご同情、ご鞭撻に対しまして、ここに心から御礼を申し上げまして、ごあいさつに代えたいと存じます。（『漢文教室』、第四九号、大漢和辞典全巻出版記念会の記）

まことに謙虚にして真情あふれる謝辞に、一同深く感銘措く能わざるものがあった。

続いて大修館書店の鈴木社長も、

（前言省略）只今の私の気持ちを申し上げたいと存じます。私の気持ちは、長い長い夢が実現したという喜びでいっぱいであります。顧みますと、諸橋先生が雑司ヶ谷の旧宅にお住まいのころ、はじめは一冊物としてお願い致し、進行の途中、大冊になることを聞かされました。しかし、私は出版人としてお願い致しました以上、絶対に内容本位のいいもの、後世に残るものをお願いしましたのでありますから、たとえ何冊になりますとも厭いませんでした。はじめは二、三冊、四年ほど経ちますと、とても二、三冊ではいかん、四、五冊になるというようなお話がございまして、どうも先ゆきはっきりした見通しはないんで、思い通りにやらなければいいものができないというお話でございました。私はそこで決心致しました。

　お願い致しましたのは私でございます。先生にご無理をお願いしした。先生が長らくの間辞書の必要性を感じられ、しかも私に一年三か月にわたってお会いしてくださった。その結果、やろう、やってやろうというお心持ちに対し、それを初めの小冊で終わるということは、これは到底できない、そういうものであるならば、先生の思い通りにやっていただきたい。私の働きました収入の余りは――現在もまだ働いておりますけれども、全部打ち込むという気持ちで先生にお願い致しました。当時私は一日中働いて俗に申します稼いでおりました。従って、日中は先生のお宅に伺うことはできません。雨でも降ればお伺いできます。そういう大きなものになるという進行の途中において、月に二、三回お伺いしました。（中略）

この仕事の完成されましたことについては、先生と私との結びつき、俗に縁と申しますか、これは目に見えない、その当時予想もしない先生と私とのつながりが、全く正しいものにあると同時に、俗に性があったとでも申すんではないかと思います。昭和十八年、第一回の発表以来、去る三十年の発表以来、皆々様の絶え間ないご声援とご鞭撻が、今日の光栄を得ました賜と存じております。深く深く御礼を申し上げます。（後略、同上）

諸橋先生に出版を依頼した時は、小さな出版社であった鈴木一平社長の偽らぬ心情ではあるまいか。

これに続いて来賓各位より祝詞をいただいたが、京都大学教授の吉川幸次郎博士は、

（前言省略）先刻から皆さん色々お話がございましたように、この辞典が完成致すまでの諸橋先生のご苦心、これはまことに私ども学問を致す者の亀鑑《きかん》とすべきものと考えております。そこで私が自ずからにして思い出さざるを得ませんのは、同じような仕事を致しました中国の学者と致しまして、これは百五十年ばかり前の学者でございますが、『説文解字』の注を書きました段玉裁（一七三五〜一八一五）のことでございます。ご承知の通り清朝はたいへん学問の盛んな時代でございます。色々名著が出ておりますが、私は段玉裁の『説文解字注』はあるいは清朝第一の書物ではないかと存じております。段玉裁に取りましても、『説文解字注』はその畢生の事業でございますこと、ちょうど諸橋先生の『大漢和辞典』におけると同じであります。ちょうど諸橋先生が宋学についての御著述あるいは中国の家族制度についての御著述がすべてこの『大漢和辞典』のある意味におきまして前提でありましたかと拝察致しますように、段玉裁も『説文解字注』を書きますまでに、多くの書物を著しておりますが、それらはすべて、やがて完成されるべき『説文解字注』への段階であったと私は理解しております。また諸橋先生の場合と似ておると感じますのは、先生がいよいよこの『大漢和辞典』の編纂を鈴木さんとのご協力のもとにご決心なさいましたのは五十歳をお過ぎになってから、あるいは六十歳の齢の終わりになってからだと存じますが、段玉裁もそれまでにこの書物の原稿は書いておりましたが、この『説文解字注』の写定にかかりましたのは大体六十前後であったと考えます。

そしてこの書物の完成致しましたのは七十三歳でございます。一八〇七年でございますが、ちょうど百五十年くらい前、諸橋先生と大体同じ年頃で『説文解字注』は完成致しました。そして七十九歳の時から八十一歳、三年かかって刊行されております。そのことを私はおのずと思い起こさざるを得ないのでありますが、この二つの書物はそれぞれの時代における第一の著述である点では似ておりますが、考えて見ますに違うところが三つあるように思います。

『説文解字』はご承知の通り九千五百九十三字ございまして、従って段玉裁の注釈もそれだけの数でございますが、そうした数の違いはしばらくおきまして、段玉裁は『説文解字注』を写定致します時に、よい助手を得ることはたいへん困難であることを嘆いておるようでございます。それに対しまして、諸橋先生のこの度の著述は先刻から先生ご自身のお話にもありましたように、大変たくさんのよい協力者を得られたということは、もし段玉裁を地下に思い起こしますならば、羨望にたえないことだろうと存じます。これが一つの違いでございます。

第二の違いと致しましては、段玉裁はこの書物の出版をどういう人の資金によってやったか、そこまで私は詳しいことは存じませんが、その時代はちょうど清朝の最も盛んな時でございまして、出版にはあまり困難はなかったのではないかと存じます。それに対しても、この度は鈴木さんの大変な努力でございますけれども、私どもの歴史の上での未曽有の困難、それを切り抜けてこの書物が出版せられたということは、第二の大きな違いであると存じます。

さらに第三として考えますのは、段玉裁の『説文解字注』は今日では名著であることに学者の意見が一致しております。また名著であればこそ、諸橋先生のこの度の書物にも、おおむねの字に非常に早いところで、この書物が引用されておりますが、当時におきましては一体どれだけの人がこの書物を読んだか、ということを私は大変疑問に思うのでございます。司馬光の『資治通鑑』ができた時にそれを読んだのはたった一人、ちょっと名前は失念致しましたが、何とかという人であったということは有名な挿話としてございますが、段玉裁の『説文解字注』もあるいはそうでなかったかと思うのでございます。ところで諸橋先生の大辞典は刊行されました時から盛んに利用されているということは、これはその差違の三つの大きな点でございます。そういうことを考えますと『説文解字注』が只今非常に広く読まれておりますように、先生の著述も非常に多くの読者を将来にも持つだろうと考えますが、諸橋先生が、あるいはこれは段玉裁が、それぞれに偉業を遂げられましたのも、すべては一つの非常に重要な要素として長命であるということがあると存じます。

私の学問の教えを受けました狩野君山先生はいつも私ども若い者に、学問をする者は何しても長生きせねばいかん、長生きせんとだめだと度々おっしゃいましたが、私もだんだん年を取って参りまして、いよいよ師匠の言葉の非常に重要であったことを感ずるのでございますが、諸橋先生がこの大偉業を為されたということも、これは健康にご留意になりまして、しかも一度失われました御眼が、精神力によって再び回復されるという、この奇跡的な、あるいは先生の精神力から申せば奇跡ではないかも知れませんが、そうした精神力によって、それを基盤にして、この書物が成されました。私ども後学に対しまして、その意味でも深いお教えを垂れたものと存じます。どうか先生は、なおなお長生きなさいまして、後に続く若い者たちを、おのれの年まで生きろとぜひお手本をお示しくださることをお願いします。（同上）

流石に、学者は、学者を知る。著述家は著述家を知ると申しましょうか、感動にたえないご祝辞であった。

かくして大漢和完刊の記念会も盛大裡に終わり、ここに『大漢和辞典』第二期の事業は終焉を告げたのである。

思えばこの事業開始以来、前後三十五年に亘る大事業で、親文字五万余、語彙五十二万語に及ぶ前古未曽有の『大漢和辞典』であった。最も特色としたのは、語彙の出典を明確にし、用例を豊富にしたことである。

果たせるかな、本辞典の評価は内外に高く、東洋言語学者でノーベル賞選考委員であったスウェーデンのカールグレン博士は、わが国の知人に書翰を寄せて『大漢和』を絶賛し、優にノーベル賞受賞に価するも、その選考部門がないことを惜しむと言い、且つこれを凌駕する辞典の出現は今後四、五十年先きであると予言された。

果たせるかな、中国で一九八六年から一九九三年にかけて画期的ともいうべき『漢語大詞典』が編纂されたことは、学界における一大慶事である。

◇閑話休題

(1) 鈴木一平社長の度胸

私が鈴木一平社長に初めてお目にかかったのは、私が附属中学校に奉職していた昭和十六年の四月ころでなかったかと思う。山形女子師範学校長に栄転された小野左恭氏の分担されていた仕事を引き受けてほしいということで、わざわざ川上市郎さんと一緒に大塚坂下の拙宅に見えられたのである。

その時、私の印象に深く刻まれたことは、私のような名もない青二才に対して、極めて慇懃鄭重《いんぎんていちょう》で、こっちがかえって戸惑いするほどであったということである。勿論、私はその以前から諸橋先生のご委嘱で『大漢和辞典』の原稿の修正作業に従事しておったが、社長と直接お会いする機会はなく、また当時附属中学校に在学中であった長男の敏夫氏のご尊父ということも全然知らなかった。爾来、二十数年の長い間、『大漢和辞典』の進行や漢文教科書の編集その他の事について社長と直接お話したことは一再ではなく、時には失礼な直言をしたこともあったが、いつも寛容な態度で聞くべきことは聞いてくれたし、一時意見の衝突があっても、あとで思い返されて拙宅に来られて鄭重にお詫びをされるということもあった。「出版は天下の公器である」と豪語せられて、事出版のことになると自説を固持して一歩も譲らない剛気一徹のように見えた社長であったが、その一面にこのような寛容の雅量と謙虚な態度があった。これが鈴木社長をして大をなさしめた一面でなかったかと思われる。

鈴木一平社長の畢生の大事業は、何といっても『大漢和辞典』の刊行であった。何時完成するかも予測できない膨大な辞典の刊行に社運を賭けて四つに組まれた不動の鉄石心は、まことに堂々たる偉丈夫の襟度を示したものであったが、完成したからよかったものの、それが完成できなかったとしたらと慄然《りつぜん》たる思いがする。まさに社長の生涯を賭けた一大賭博であった。

これについて思い出されることは、何か私的用事のご依頼を受けて社長と一緒に出かけたその帰り道に、社長が行きつけの京橋の天夫羅《テンプラ》屋に案内されて、接待を受けたことがある。興ずるままに、社長最大の道楽である競馬に話がはずんだ、その時のことである。「競馬は道楽のように見えるが、競馬をやることによって出版に賭ける度胸を養うことができる」といわれた。この一言を聞いた私は、社長が生涯の事業として『大漢和辞典』に賭けておられるということをしみじみと知った。

菊花賞に優勝。中央鈴木一平氏(昭和33年)

『大漢和』の刊行こそは社長の賭けられた一大競馬であり、その度胸を一喜一憂の競馬において養っていたのである。同時に社長は、

自分は小さなことでも無駄を省き倹約を積み重ねて、その貯蓄を大きなことに使用している。

とも言われた。これまた社長が社の一切の利益を『大漢和』に注ぎこんでいることを物語るものであった。

大漢和辞典刊行記念碑

『大漢和辞典』が第二巻の刊行を目前に控えながら、全巻の組版全部を戦禍のため烏有《うゆう》に帰したにも拘らず、戦火の余燼《よじん》なお消えやらぬ中から再び出版の決意を固められ、物心両面にわたるあらゆる苦難を乗り越えて、堂々全十三巻の刊行を完遂して、文化国家をもって立つ戦後日本の面目を世界に躍如たらしめたことは、実に鈴木一平社長の不撓不屈の精神によるものだった。

木更津の田舎から身を起こして、奉公した店の主人が上等の鰻丼《うなどん》を食べるのを見て、自分もそう

した身分になってみたいと一念発起し、ついに出版人として『大漢和辞典』という不朽の大事業を完遂された鈴木一平社長は、立志伝に名を留める人物であるとともに、長く出版界に語り継がれてゆくことであろう。

(2) 学位論文「左伝の成立と其の展開」

戦前、附属中学校に奉職していたころは、学校の仕事も多忙であったが一面最も学問の研究に努力した時代であった。

春秋学で論文でも書こうと考え、専らその方面の関係の読書や研究をしたものである。当時、早稲田の津田左右吉博士が、『左伝の思想史的研究』を東洋文庫から出版して、その偽作なることを力説されたが、あまりにも文献の切捨ての多いことに疑問を抱き、果たしてその結論が正しいかどうかと疑問を抱いた。それには春秋三伝はもちろん、『国語』や『史記』と『左伝』の関係を調査することが先決であると考えて、それらに関する研究を進めていた時に、時局が切迫して臨時召集を受けて北支の野に戦う運命となった。

戦傷が戦傷死と誤報されて、家族はもちろん、恩師はじめ多くの方々にご迷惑をおかけしたことは慚愧と深謝にたえない。

ところが終戦後の世相は、物心両面の苦労で生活に追われ、それに『大漢和』の作業が日課となっていたので、論文のことなど一向に考えなかった。

しかし世の中が次第に回復し、大学も東京教育大学と改名して学位の審査も行われるようになった。学位を審査する者が学位なしでは体裁が立たないということになり、それなら以前手にかけた『左伝』に関する研究を再開して見ようということになった。

といっても時間的余裕がない。そこで一案を考え、週の中、講義のない火曜と日曜の二日は、どんなことがあっても論文の作業を進めることにした。専心というものは恐ろしいものである。黙々と研究を継続すること十余年、『大漢和』の全巻刊行が完了した昭和三十五年ころに、私の論文も略《ほぼ》できあがり、「左伝の成立と其の展開」と題して、東京文理科大学に提出することができた。

論文の結論とするところは、

一、左伝は前漢末期、劉歆一派によって作造せられたものである、と主張する左伝偽作説は誤りである。左伝は、西暦前三百二十年前後、孔子の春秋学を伝へたと見られる子夏の学説を引く、魏の史官左氏某により、春秋の伝として制作されたものである。

二、左伝が公羊・穀梁の二伝を凌駕して、春秋学に於ける優位を獲得するに至ったのは、晋の杜預《どよ》によって、劉歆以来の左氏学が集大成せられ、実証的資料主義による客観的合理的な左氏春秋学が、体系的に樹立せられたことによる。

というものであった。

学位論文が通過したのは、昭和三十六年（一九六一）十二月であったが、恩師はたいへん喜ばれて、次の一詩を贈ってくださった。

左癖十年窮始終　　左癖十年始終を窮め、
麟経復見素臣功　　麟経復た見る素臣の功。
請君更力正名事　　請ふ君更に力めよ正名の事、
世路即今荊棘叢　　世路即今荊棘叢る。

鎌田君以左氏研究獲学位喜賦　止軒

詩中の「左癖」は晋の左氏学の大家杜預が自ら左伝癖ありと称した故事をふまえて左伝を好んで研究する意、「麟経」は『春秋』を指し、「素臣の功」とは『左伝』の作者と伝えられる左丘明のように春秋の義を明らかにした功績。正名は、「名を正す」すなわち「君、君たり。臣、臣たり。父、父たり。子、子たり」というごとく、名と実（本分）との一致をはかることで春秋学の本質をいう。近年における名分の乱れは往時に比して一層甚だしく、春秋学の説く正名は往時より更に緊要なるを覚える。

恩師が最後まで手離さなかった春秋学のコレクションは、今日静嘉堂文庫に収蔵されており、その活用研究を切望している。

第四章　『大漢和』の修訂

『大漢和辞典』第三期の事業は、昭和三十五年六月から同六十一年四月に及ぶ大約二十六か年であった。その内容は同辞典の縮写版と修訂版の刊行であるが、その間『新漢和辞典』と『広漢和辞典』が刊行されたことも忘れてはならない。

一、『新漢和辞典』と『広漢和辞典』の編纂

昭和二十一年（一九四六）に、日常使用する漢字の範囲を制限した「当用漢字」一八五〇字が制定せられ、続いて二十三年には「当用漢字音訓表」、「当用漢字別表」（八八一字の教育漢字）が発表され、わが国未曽有の使用漢字の制限という大変革が行われた。従ってこれを踏まえた漢和辞典の必要なことは論ずるまでもなかった。ところが、『大漢和辞典』は戦前にその骨格ができあがって出版したのであるから、それを当用漢字に従った新しい字形や仮名遣いに

訂正することはできなかった。そこでこの当用漢字の制度に従った新しい漢和辞典を作らなければならない情勢に立ち至った。

恩師は、『大漢和』が全巻完成するや、大修館の鈴木社長と協議し、『大漢和』が余りにも膨大にして一般性に欠ける恨みがあることに鑑み、且つは当用漢字の制定をふまえ、現代の使用に適する小漢和・中漢和の辞典を体系的に編纂することを考え、私どもにその編纂を依頼した。この経緯ならびにそれぞれの内容の特色については、昭和五十七年五月、われわれの示した『広漢和辞典』の後記に記してあるので、それを次に掲げる。

昭和三十五年五月、『大漢和辞典』全十三巻が完刊となった。その時点で著者諸橋轍次博士と大修館書店社長鈴木一平氏との間に協議が行われ、引き続き中漢和辞典と小漢和辞典とを編集公刊して、社会の各方面からの要望に答えうる漢和辞典を系統的に整備しようという合意がなされた。この協議に基づく検討の結果、先ず小漢和辞典を出版することとなり、早速その編集に着手した。これは中学・高校生の学習や広く一般社会人の言語生活を対象としたもので、昭和三十八年二月に完成した。幸いにして時代に適切な漢和辞典として好評を博し、その後、数次の改訂を経て今日に及んでいる。『新漢和辞典』、後の『大修館新漢和辞典』がそれである。

この『新漢和辞典』の完成後、直ちに中漢和辞典の編集に着手し、爾来二十年の歳月を経てようやく成ったのが、この『広漢和辞典』である。すなわち昨年十一月文化の佳節にあたり、諸橋博士の白寿記念出版として上巻を刊行、続いて本年二月に中巻、五月に下巻を刊行し、なお索引一巻を加えて完結する予定である。

思うに『広漢和辞典』は『大漢和辞典』が余りにも浩瀚緻密、専門的に過ぎるため、それを一般人に利用し易いように精選要約、かつ現代的に改めようという見解のもとに編集したものである。もとより『大漢和辞典』を基礎にすえたとはいえ、その間、本辞典なりの新しい工夫を施した部分が少なくない。左にそれらを記すこととする。
一、親文字は、『大漢和辞典』が約五万字であるのに対し、本辞典はこれを精選すると共に、新たに国字・異体字・中国の簡化文字等を加えて約二万一千字を収録した。これは一般知識人、社会人の言語生活に不可欠な文字はもちろん、専門的研究者の要求をも充足するという見地に立って選定したものである
一、この親文字の音義を説くに当たって、韻書としては『広韻』を基本とした。『大漢和辞典』は五万余字という数の親文字を収める必要上、収録字数の多い『集韻』を用いた

が、本辞典がこれを『広韻』に改めたことは、今日における音韻研究の趨勢に沿うものである。

一、親文字の字義欄において、『説文解字』の全文は一括して引用した。漢字の成立につき許慎の『説文解字』の説くところは今日必ずしも疑義なしとしないが、文字学の基本資料たることに変わりはない。『大漢和辞典』でももちろんこれを引いているが、必要な箇所ごとにその部分を掲げ、全文を把握し難い憾みがある。本辞典はこれを改め、全文を一箇所に掲げた。

一、解字欄においては、『大漢和辞典』と同様、『説文解字』所載の篆文・古文・籀文等を掲げると共に、新たに甲骨文・金石文の形をも示して字形の変遷をたどり、一方、上古音・中古音・近世音・現代音を掲げて音韻の変化を明らかにした。

また、文字の成立については、『説文解字』の六書の分類により象形・指事・会意・形声の別を記して説明したほか、更に形・音・義の上から同系統と見られる文字のグループを語家族（word family）としてまとめ、共通する基本的意味を抽出して語源的解釈を施した。

一、熟語として収録した十二万語は、語数においては『大漢和辞典』の約四分の一に当たるが、同辞典から精選したに止まらず、新たに『懐風藻』『凌雲集』『文華秀麗集』『経国集』『菅家文草・同後草』『和漢朗詠集』『本朝文粋・同続文粋』等、王朝時代の漢詩文の語彙を調査し、『大漢和辞典』にもれた語彙の採録に努めた。

一、本辞典に掲げた出典・引用文については、原典を調査して出来得る限り誤りなきを期すると共に、従来の漢和辞典に見ることのできなかった画期的ともいうべき句読点・返り点・送りがなを施し、難解な文字には読みがなをも付して読解の便を図った。なお、掲載作品の作者にはその時代を明記し、『文選』からの引用についてはすべて『文選』と冠した。

一、親文字・熟語見出しの字体ならびに音訓等の表記はすべて常用漢字（昭和五十六年制定、一九四五字）と現代かなづかいとを本体とし、排列においてもそれに応じた工夫を加えて、現代言語生活への適合を図った。すなわち親文字の掲出にあたり、常用漢字表に新字体のあるものはこれを用い、旧字体を対照させたこと、字音・音訓の表記には現代かなづかいを用い、旧（歴史的）かなづかいを注記したことなどである。熟語においても同様の方式をとった。また、一般解説文中、常用漢字以外の文字には原則として読みがなを施した。

一、親文字の検出において、従来行われてきた部首分類は、文字によりその部首の判定に苦しむものも少なくない。このような場合、親文字を構成する他の部分からでも引き得るよう、重複して掲載した。また常用漢字の新字体については特に新しい部首を設け、あるいは合理的な部首所属を定めるなど、検出を容易にするため各種の工夫を払った。

一、索引においては、親文字の総画・字音・字訓によるものはもとより、四角号碼や中国語音による索引をも付して、さまざまな角度からの検出の便を図った。殊に熟語について、全巻十二万語の五十音順索引を設けたが、これは漢和辞典としてはけだし嚆矢をなすものであろう。（後略）

かくて親文字約二万一千、語彙十二万語の『広漢和辞典』が完成したが、語彙の引用文に訓点の送りがなまでつけたこと、語彙索引をつけたこと等、漢和辞典における嚆矢ともいうべき創意工夫が高く評価されたことはいうまでもない。すなわち『大漢和辞典』のダイジェスト現代版と称すべきものであった。

特に付記すべきことは、本辞典の編集中、驚くべきことを発見したことであった。それは、私どもが金科玉条として信頼していた『大漢和辞典』における語彙の出典や用例としている引用文に脱字や誤字の少なくないことに気づいたことである。そこで本辞典では『大漢和辞典』より引用する漢文の引用文は必ず原典と照合して正確を期することにした。それが本辞典の編纂に意外に多くの年月を要した原因でもあるが、それはまた次に述べる『大漢和』の修訂版の事業にも大いに役だてることができた。

なお、次に『広漢和辞典』の編纂に協力された方々の芳名を録して深謝の意を表する。

・編集協力者
大竹修一　片寄鈴枝　金子泰三　國金海二　菅野禮行　田部井文雄
望月眞澄

・資料調査・原稿作成・校正等協力者
相原米市　青木五郎　浅野裕子　謡口　明　内田　龍　内山知也
糟谷　一　巨勢　進　許勢常安　高木重俊　田中　有　土屋泰男
向島成美　山村良夫　若林　力

二、文化勲章受章と『大漢和　縮写版』の刊行

恩師諸橋轍次先生は『大漢和辞典』の編纂と儒教研究の貢献で、昭和四十年（一九六五）十一月三日、文化勲章を授与された。そこで大修館書店ではこれを記念して、『大漢和』の縮写

版の刊行を企画したが、恩師はこの際私と米山君に依嘱して、全巻に亘りそれまでに気のついた誤植を直すと共に、親文字全般にわたって韻書等の誤りを訂正することにした。韻書についていて特にいうべきことは、『大漢和』では『康熙字典』に従ったものであろうか、『集韻』などの原典に照合すると、誤りや脱落の文字が多かったのでそれらを修正するに大約四年の日時を費やした。この作業は全く我々両人の作業であったので、意外に多くの時日を費やした。昭和四十二年三月に第一巻を刊行し、購読者も予想より多く事業は順調に進行し、翌年五月に全十三巻の刊行を完成した。恩師は、本辞典の後記として、

今般、縮写版の刊行せられたことについて一、二付記したいと思ふ。実のところ私自身は生前にこの刊行を見やうとは考へてもみなかった。然るに三、四年前、大修館からその計画のあることを耳にし、今その実現を見た。喜びでもあり、驚きでもある。畢竟江湖諸彦の好意の賜ものに外ならぬと感謝に堪へない。

文化勲章を受章された諸橋博士(右)と鈴木一平社長

縮写版である限り、原型そのままでよい筈だが、折角作るとせば、せめて誤字誤植は訂正したいと考へた。そのために全巻を通読してみると、外にも明瞭に誤謬であると気のついた点もある。大補正は勿論出来ないとしても、それと知りながらそのままにしておくことは、著者としての良心が之を許さない。そこで私の最も信頼してゐる東京教育大学教授鎌田正君、静嘉堂文庫長米山寅太郎君にその訂正を依嘱した。両君は繁劇の本務を有するにも拘らず、余力の凡てをこのために傾倒してくれた。縮写版の内容が一段の整備を得たのは畢竟両君のいつもながらの好意に負ふのである。

編纂並びに校正に関与された諸君の芳名中、原版には二、三の記載漏れがあったので、今回はそれを訂正添補した。なほまた二十余年の歳月の推移につれ、当時学生であった人が、今は大学教授となってゐるといふやうな身分上の変化は少くないが、凡ては当年そのままの形で記載した。それが本書の性質を最も精確に現はす方法だと考へたからである。

大修館社長鈴木一平君は、一昨年秋、辞典刊行の功績を以て勲四等に叙せられた。これは国家当然の恩賞ではあらうが、本辞典のため永年御世話をかけた私としては、私情の上からも満幅の慶意を表したい。最後に今度の刊行について特別に尽力せられた川上市郎君はじめ、大修館の諸君に対して、厚く感謝の意を表する。

と述べている。文中に明らかなように、鈴木一平社長は『大漢和』刊行の功績を以て勲四等の栄に浴せられたことは、私ども一同心から祝意を表するものであり、また、大修館の川上市郎専務が、事、『大漢和』にかけては全く心血をそそいで努力された蔭の功労者であることを特筆しなければならないと思う。

三、『大漢和 修訂版』の辛酸

第三期における上述の事業を総括すれば、『大漢和』全巻刊行後、『新漢和辞典』と『広漢和辞典』を刊行し、其の間に縮写版をも刊行した。

だが恩師は、『大漢和』の中で一字でも誤植や誤字があれば骨身を削られる思いがすると言われたが、それらは縮写版で修正されたので、一応安心された。しかし更に『広漢和辞典』の編纂中に発見された漢籍からの引用文の不備を聞くに及んでは、一日も早く全巻にわたる修訂を行うように強く要望された。そこで大修館書店でも修訂の本格的作業を考え、OED（Oxford English Dictionary）の研究所を二回に渡って訪問調査し、同辞典の修正作業の実態を調査された。その際同研究所長から、『大漢和』のような大辞典の修訂には、研究所を作って本腰をすえてかからなければならないというアドバイスを受けた。そこで恩師とも協議の上、「東洋学術研究所」を設立して『大漢和』全面の本格的修訂作業を開始することになった。時は昭和四十九年（一九七四）四月、私が東京教育大学を定年退官した際で、私がその所長に懇請され、米山君とも協力して事業を進めることに決定した。

修訂作業を進めるに当たっても、恩師の在世中に完成したいと考えたので、心がせかれて容易なことではなかった。

この修訂作業に当たり、先ず第一に着手したのは、全巻にわたる修訂用の原簿ともいうべき台帳を作製すると共に、各語彙に掲げられている出典・用例の一つずつをカードに貼付することであった。一語について、多きは十数枚のカードを造る場合も少なくなかった。私は東京教育大学退官後、文理大同窓の木内四郎兵衛氏の主宰する東京成徳短期大学に奉職していた。この基礎作業を同校の二十余名の学生にアルバイトとして依頼したが、それでも二か年有余の時月を費やした。次いで出来上がったカードを作者または作品ごとに類別したが、これにも予想外の人員と日時を費やした。

かくして準備されたカードは、六十万余の多数にのぼった。そのカードにより一々原典について再調査する作業に着手したのであるが、それら典籍の中には今日容易に求めがたいものも少なくなかった。勢い調査の範囲を限定せざるを得ない結果となった。そこで学術研究上利用度が高く、且つ比較的求め易い典籍を主とすることとし、信頼できる篤学の士二十数名に依頼して綿密な調査点検を行った。苦労の結果カード数三十万余、凡そ四年有余にして完了した。この作業に従事した諸君の労苦は蓋し言語に絶するものがあったであろう。深謝に堪えないところである。

まさにこのカードが完成しようとしていた時、私の心肝を寒からしめるような大事件があった。深夜二時過ぎであったろうか、研究所が入っているビルが火災で炎上中との連絡を受けた。直ちに隣家に住む長男の車で現場に急行した。ビルのまわりは警察官によってロープがはられ立入り禁止、数台の消防車がビルの最上階に向かって消火作業の真最中であった。警官に入居者だからといってビルに入ろうとしたが制止されてしまい、路上で鎮火を待つしかなかった。たとえカードが焼失しなくとも、消火活動によって水浸しとなり判読出来なくなったら一大事である。ひたすらカードの無事を祈るのみであった。漸くにして警官の許可がでたので、滝のように水が流れ落ちてくる階段をやっとの思いで昇り、二階の研究所のドアを開けた。天井からは洪水の如く消防車が放水した水が降り注ぎ、床面も水浸しであった。幸いなるかな、スチールのキャビネットに収納されていたカードの無事を確認できたのは夜もしらじらと明けるころであった。今思い起こしても背筋が寒くなるような一夜であった。

上述の出典・用例の再調査が終わりを告げるころ、これまた諸橋先生の依嘱によって約二十年前から編纂してきた『広漢和』の作業も略ぼ完成に近づいてきた。従って同辞典に摘出した出典・用例の調査の成果がこの修訂作業に活用されたことは言うまでもない。

『広漢和辞典』の刊行が完結したのは昭和五十七年十月であるが、続いていよいよ『大漢和』修訂版の刊行を目指すことになった。鎌田・米山の両人で前述の調査資料に基づいて修訂原稿の作成作業に取り組みはじめた。ただ、『大漢和辞典』全体の構成上、原ページを改め得ない事情を考慮し、修訂はそのページで収まる範囲を原則とした。この点、時に隔靴《かっか》掻痒《そうよう》の憾みもあったが、概ね正すべきものは正したということができよう。

このような修訂のほか、今回特に留意した点は、親字の字音についてである。『大漢和』の親字の字音は『集韻』に基づき、戦後土橋八千太翁によって全面的な検討修正を受けて以来、それをそのまま踏襲して来た。これに対し、『広漢和辞典』では『広韻』を基本として字音を再吟味し、『大漢和』の従来の字音を改めるところ少なからざるものがあった。その成果に鑑み、今回の修訂においてもかなりの程度、字音に訂正を施した。

その結果、付録の「字音索引」は全面的な組みかえを行わざるを得なかった。別に又「解字欄」においては、特に必要と認めたものにつき、甲骨文・金石文等による増補を行った。

修訂作業の概要は上述の通りであるが、原典再調査に当たられた協力者の方々のご労苦は辛酸を極め、莫大な時間を費やしたと思われる。しかしその調査のうちでも、出典箇所の不明なるものも少なくなく、それを調査する私ども両人も苦労の連続であった。一例をあげれば、『大漢和』第九巻五百七十九頁四段の［苦行］の出典として、旧版には「［資治通鑑、唐紀］衣食居處、一如苦行沙門」とあるが、調査された方から、これは『唐紀』にはないということで、早速調査にかかった。確かに『唐紀』には見えないので、『通鑑』の全文に当たらなければならない。『通鑑』は全部で二百九十四巻、さあ本腰を入れて調査しなければならん。第一巻の『周紀』威烈王二十三年から開始したが、その語句は容易に出てこない。引用文中の「衣」か「一」を含む箇所を丹念に調査を続く。かくして第一日は終了し、第二日目に一百六十巻目の『梁紀』にはいる。まだまだ見えない。思案投げ首、果たして『通鑑』が出典かと思った瞬間、第一百六十四巻、梁の簡文帝の大寶二年、五月の条に、その語句が厳然として存するではないか、正に一国一城を得たる喜びにて、『唐紀』を改めて『梁紀』と為し、「簡文帝、大寶二年」を加えて修訂作業が完了した。まさしく難行苦行の辛酸であったが、ひとつこの例ばかりでなく、かかる辛酸に会うことが決して少なくはなかった。もともと性急なる私も、こうした作業の訓練で大いに辛抱忍耐心を養ったことは事実である。
このようにして調査したカードの概数をあげれば、

①四書・五経類……………三四、五〇〇枚
②史書類（史記・漢書など）……………八三、二〇〇枚
③諸子類（荀子・韓非子・老荘など）……………四七、三〇〇枚
④詩文類（楚辞・文選など）……………八五、三〇〇枚
⑤その他（類書など）……………五七、三〇〇枚

総計、三〇七、六〇〇枚の多数に及んだ。

以上の経過を経て、刊行も迫った昭和五十七年十一月初旬、私は茗渓会の長浜事務局長と共に諸橋先生宅を訪問した。それは、その年の十月三十日に茗渓会創立百周年記念祝賀会を挙行し、その際会員に記念としてお渡しする扇子に揮毫していただいたお礼であった。

そのころ先生は老衰が甚だしくなり、お伺いの節にはベッドで休んでおられた。折しも発行された『茗渓百年史』に「百歳を迎えられた諸橋轍次先生」と題して私が一文を草したが、それを読んで欲しいという先生のご要望に応えて私が読んだところ、ご満足そうに聞いておられ

た先生がやがてお眠りになられたご様子だった。それではお暇をしようと立ち上がると、先生は目をさまされて、何とあの細い腕を差し伸べて私の手を握り、「万事よろしくお願いするよ」と言われた。これが五十年余に亘って師事してきた先生との最後の別れになろうとは露思わぬことであった。とても忘れることのできない思い出である。

恩師は越えて十二月八日、数えの百歳の天寿を全うして他界されてしまった。十二月二十五日、青山斎場で執行された本葬に、私は葬儀委員長として「先生、先生のご依嘱されました事業は必ず実行致しますから、どうぞ安らかにお眠りください」と最後のお別れを申しあげた。「せめて一巻だけでも見たいものだ」と言われた修訂版を見ることなくして他界された、その無念さに、茫然自失、為すところを知らなかった私たちであったが、かくてはならじと修訂版の完成に努力した。翌々年の四月、その第一巻を刊行して恩師の霊前に捧げ、続いて順調に刊行を進め、恩師の依嘱通り、昭和六十一年四月に全巻の修訂を完了した。

思えば、修訂の本格的作業に着手してから十数年にして全巻の修訂が完了し、ここに第三期の事業は幕を閉じたのである。

これもひとえに、左記の協力者の献身的努力の結果であり、ここにその芳名を記録して謝意を表する。

・資料調査協力者（敬称略）
相原米市　青木五郎　浅野裕子　上田　武
謡口　明　内田　龍　江連　隆　大竹修一
小倉勇三　糟谷　一　金子彰男　金子泰三
川田悦子　巨勢　進　小松淑子　國金海二
菅野禮行　高木重俊　田部井文雄　土屋泰男
松村英夫　三沢辰弥　向島成美　山村良夫
若林　力
・編集協力校正等協力者
佐伯俊雄　中原尚道　薄井多鶴子　内田美津子

なお、この修訂版刊行の記念事業として「漢字と暮らし」の論文を懸賞募集し、その入選者を漢字の故郷である中国に案内した。折から中国では国費でこの修訂版五百部を注文されたので、同道の一行と中国政府の教育部を訪問し、謝意を表すると共に、修訂版を寄贈した。時に昭和五十九年八月十九日であった。翌二十日は、北京大学を訪問して修訂版を贈呈した。

中国教育部に『大漢和辞典 修訂版』を贈呈

◇閑話休題――鈴木敏夫社長に捧げる

大修館書店鈴木敏夫社長は、初代社長鈴木一平氏の長男で、東京高等師範学校附属中学校在学中、四か年も私が漢文の授業を担当した。迂闊にも同君が『大漢和』を出版する大修館書店の御曹子とは全然気がつかなかった。

性格は温厚で快活、スポーツも体操部の選手として活躍、特に卒業後は同級生親睦の中心となっていた。昭和十九年四月、東京慈恵会医科大学に入学するも、『大漢和』の出版に苦労する父親を見るに忍びず、弟二人とも相談し、入社して『大漢和』の完成に努力することを決意された。

昭和二十三年四月入社、同三十五年五月に『大漢和』全巻刊行、昭和四十七年代表取締役社長に就任された。同四十九年四月、『大漢和』修訂作業のため東洋学術研究所設立、同六十一年四月修訂版全巻を刊行。同六十二年四月十七日永眠、時に六十一歳であった。同四月二十二日、大本山護国寺で社葬。私が著作者を代表して次の弔辞を捧げた。

弔辞

故大修館書店代表取締役鈴木敏夫会長、長い間に亘り学縁に結ばれ身に余る知遇を頂いて参りました私が、先立たれました会長の御霊の前にお別れの言葉を述べなければならなくなりました。断腸の思い、ただ慟哭するのみであります。

回顧すれば会長との回り合いは五十年の昔に溯ります。昭和十三年四月、会長は東京高等師範学校附属中学校に入学されましたが、私も同時に附属に奉職し、爾来五か年の間桐陰の学び舎で互いに切磋琢磨の学縁に恵まれました。英才揃いの学友に伍して勉学にいそしまれた会長は、天分豊かに、器械体操部の選手としても活躍され、前途を嘱望された頼もしい存在でした。特に附属に対する愛着が一入《ひとしお》強く、友情濃《こま》やかにして常に級友親睦の中心的役割を果たされて今日に及んでいると伺っております。されば会長とお会いすれば、決まって語られることは附属の思い出であり学友の消息でありました。会長と私のかかわりはこの附属時代からでありますが、更に人間的交渉を深めましたのは、ご尊父鈴木一平初代社長と恩師諸橋轍次先生との大事業でありました大漢和辞典に就いてであります。私は会長の附属在校時代からこの辞典の編纂に関係致しましたが、粒々辛苦二十年の結果第一巻が刊行され、続いて第二巻刊行寸前の昭和二十年二月、戦禍の為に会社は全焼し、大漢和全巻の製版及び一切の資料を焼失しました。当時会長は慈恵医科大学に在学中でありましたが、戦後の逆境の中で辞典刊行の再挙を企て社運を賭して奔走されたご尊父の窮状を傍観するに忍びないと言われて、二人のご令弟と語り合い、前途を夢みた学業を断念し、三人協力して社の経営と辞典の完成に努力されました。この涙ぐましいご努力が大きな原動力となり、さしもの大事業は完成することができました。この間会長と接触する機会も多く、その師弟の情誼に篤く情味溢れる人間性に心打たれることが一再ではありませんでしたが、更に感銘にたえなかったことは、ご尊父のあとを継承した社長時代に、辞典の改訂を熱望された諸橋先生の懇請に答えて、その修訂の大事業を企画して完成されたことであります。事の重大に慎重を期された会長は遥々オックスフォード大学に赴かれ、英語の辞典として世界最大を誇るその編纂の研究所を訪ねてその増補改訂の内容を詳細に調査され、それを参考にして東洋学術研究所を設立し、辞典修訂の本格的作業に着手されました。この周到な企画と熱意があったればこそ修訂の作業も順調に進行し、昨年四月全巻の完成を見ることができました。この間会長は不慮の病に侵され視力乏しいご不自由であったにも拘らず、心眼を開いてのご努力でした。辛かったこととおもわれます。よくぞ耐えてくださいました。会長の果たされたこのご功績は長く出版文化の上に伝えられることでしょう。さきには学業を断念して父君を助け、今また身の不自由を克服して父君の遺業を修訂されました。泉下に在るご尊父も諸橋先生もよくやって呉れたと感謝されていることと思います。

会長がご尊父のあとを継承して活躍された業績は独り大漢和辞典の修訂のみに止まらず、教科書・学術書の出版及び業界の活動等多方面に亘っておりますが、記憶新たにして忘れることのできないことは、今年正月六日の夕刻、学士会館における新年会の席上お話になった年頭のご挨拶であります。言々社の前途を案ぜられ、ご令弟の新社長に後事を託された感動の言葉でした。これが会長の社員に語る最後となったのであります。年歯未だ六十一歳の働き盛り、出版文化に対する抱負経綸も定めし多かったことでしょう。それを実現できずに世を去らなければならなかったご心中はさぞご無念であったことでしょう。思いひとたびここに至れば万斛《ばんこく》の涙を禁じ得ません。斯の人にして斯の疾有り、斯の人にして斯の疾有りの感切々、痛恨哀悼の至りであります。鈴木会長、申し上げたいことはたくさんありますが言葉が続きません。ただ会長が案ぜられた大修館書店は必ずや新社長のもとに会長のご遺志を服膺して一致団結隆々発展すること疑いなく、私共社の出版に関係する者も会長の心を心としてご遺嘱を果たす所存であります。どうぞ安らかにお眠りくださいご冥福をお祈り申しあげます。

昭和六十二年四月二十二日

東京教育大学名誉教授
東洋学術研究所長　鎌田　正

第五章　『大漢和』の補巻

第四期の事業とは、修訂版の刊行を終えた直後から、平成十二年四月までの凡そ十四か年に、『大漢和辞典語彙索引』と『補巻』とを編纂刊行した作業である。

一、『大漢和辞典 語彙索引』の編纂

本書の編纂の経緯及び内容等については、私が書いたその序文に尽きているので、次に掲げる。

（前言略）ここに一つの大きな問題が起こった。それは、本辞典（『大漢和辞典』）を利用されている江湖の方々から、本辞典には収録されておりながらも検出できず、その語彙が収録されていないのではないかというきびしい苦情が訴えられたことである。

その苦情の因って起こる原因は、本辞典の語彙の字体が旧字体であり、その読みが旧仮名遣いを用いており、その読みに従って語彙が排列されていること、さらには語彙の排列が二字の語彙に関連のない三字以上の語彙や句は、二字の語彙の終わりに掲載しているという事情によることが判明した。

実を申せば、戦後、本辞典の原稿整理修正の途上、当時新しく定められた当用漢字の制定により、漢字の字体と読みの表記に一大変革があったので、本辞典もその規定に従って訂正すべきか否かについて慎重に検討したが、既定の原稿をそれに従って改めることには幾多の困難があった。元来、本辞典の親字や語彙には番号がつけられており、その番号を用いて彼此参照するという組織になっているので、それを全面的に改めることは容易なことでなく、同時にまた正確な旧字体・歴史的仮名遣いを示しておくことも、他日大きな意義を持つことになるであろうという見解のもとに、新しい規定には従わないことに決定した。

当用漢字が実施されても、その当初は旧字体や旧仮名遣いに習熟している方が多かったので、本辞典を利用する上にさして不便がなかったが、その制定後四十年余を経過した今日においては、当用漢字は常用漢字となっていっそう定着し、かつては旧字体・旧仮名遣いに習熟されていた方でも、新旧の字体や仮名遣いの相違には明確を欠くようになり、ましてや戦後の新しい教育を受けた方々には、旧字体、旧仮名遣いは古典的なものとなっている。これが今日の実情である。

この難問をいかにして解決すべきや。これが修訂版完成後に起こった新しい問題である。そこでこれについて検討熟慮した結果、本辞典の語彙を新字体・現代仮名遣いで五十音順に排列する索引を作成すれば、上記一切の問題は解決されるという結論に到達し、昭和六十三年二月から二か年の日子を費やして完成したのが本索引である。

索引という作業は、一見容易に見えて実はそうではない。ましてや全十二巻一万三千七百余ページに及ぶ『大漢和辞典』の語彙は余りにも膨大である。原則として出典を示さない和語や中国語などは省略したが、語彙を一般・人名・地名・書名に分類し、その読みのすべてを新方式に書き改め、音訓の相違を片仮名と平仮名に区別し、旧字体を新字体に改めるには、まさに物理的に莫大な労力をかけざるを得なかった。この索引の完成までに、私個人の作業としても『大漢和辞典』の全巻の語彙を数回にわたって丹念に読み、その一語ずつに手を加えざるを得なかった。また、最も難事業とされたことは、全語彙を五十音順に排列することであった。これは人間の能力では殆ど絶望的であったが、戦後五万に及ぶ『大漢和辞典』の写植用原字を作成して、その出版を可能ならしめた写研の電算写植機によって、正確かつ迅速に処理されたことを特筆しなければならない。

時あたかも大修館書店は創業七十周年を迎え、その記念出版の一つとして『大漢和辞典』の普及版が刊行されているが、これを機に本索引を刊行できたことは、この上もないよろこびである。この索引によって『大漢和辞典』の持つ難点が除かれ、その利用が容易になるならば、これこそ『大漢和辞典』をして不朽ならしめる一助ともいうことができるであろう。

（後略　平成二年四月吉日）

このようにして『語彙索引』が完成したのであるが、予測通り、『大漢和』が使い易くなったという好評を博し、平成二年十一月三日に「物集《もずめ》索引賞」が授与されるという恩典に浴することができた。本索引は、ひとり『大漢和』の検索に多大の便宜を与えたばかりでなく、実は次の『大漢和』の増補版たる『補巻』の編纂に図らざる貢献をした。誇張するならば、この索引がなかったとすれば、『補巻』の事業は完成しなかったかも知れない。図らざる所に図らざる貢献が偶発するに驚かざるを得ないものである。

二、『大漢和 補巻』の編纂

(1) 補巻の委嘱

恩師が私共両人に第四期の事業として『大漢和辞典』の増補を委嘱されたのは、その修訂作業の中のことで、その経緯については、次に掲げる「大漢和辞典修訂の序」に明記されている。

(前略)翻って思えば、語辞は煙海の如く広く、時世の転変は走馬灯に似て迅い。辞典の生命をして不朽ならしめるためには、その修訂増補は幾度か繰り返されねばならぬ。そこで私は昭和六十一年を一応の纏りとして第三期の事業を終え、更に第四期の作業として本辞典の不備を補う増補を計画した。しかし私はすでに頽齢、固よりその任に堪えぬことである。とすれば第三期事業以下については、私に代わる人を他に求めねばならぬ。結局、その学、その能、その年齢、就中その人柄の上から鎌田正・米山寅太郎の両君に従来に引き続き御苦労を願う以外に道なしと考え、幾多の支障の有ることは承知の上で、情を尽くして両君に懇請した。然るところ旧誼を重んずる両君は我が志の存する所を察して快く承諾してくれた。うれしい。かくて拙著を永遠のものとなし、漢字文化の闡明に由って人類

の幸福に裨補せんとする素願は、茲にその礎石を得たのである。後顧の憂いはない。（後略）

時に昭和五十三年六月四日、恩師が九十五歳のご生誕の記念すべき日であった。

恩師が語彙五十二万余語にも達した『大漢和辞典』に対し、更にその増補を求めたということは、「読書、外慕無し」という清儒の言葉を好み、読書を最大の楽しみとして世俗的な楽しみを慕い求めることはなかったからと思われる。恩師が晩年好んで読まれた漢籍は特に詩集が多かったようであるが、恐らくはそれらを読んでおられる中に、『大漢和』に採録されていない語彙の少なくないことに気づかれたものではないかと思う。「大漢和は詩文類の言葉が不足しているように思われるから、特に留意してほしい」と言われたことが忘れられない。

(2) 補巻の特色

ア、親文字について

先ず親文字の増補について言えば、八百余字の増補を行なった。近年中国で刊行された『漢語大字典』は五万九千百七十字、『中華字海』は八万五千五百六十八字を収め、わが国のパソコン用フォント集『今昔文字鏡』に至っては九万字にも達している。

これに対し、『補巻』の収集親文字が八百余字というのは、少ないように思われるが、いわゆる異体字というものが圧倒的に多いのであって、これを現実的価値の観点から検討して採録を控えたのである。中国の韻書や辞典類としては『玉篇』『広韻』『集韻』及び『康熙字典』『中華大字典』等、『大漢和』に用いたものを再調査し、更に『漢語大字典』『中華字海』を参考として収録したが、反切や韻目を明記するものは意外に少なく百五字程度であった。また、わが国の『新撰字鏡集』『類聚名義抄』をはじめとし江戸時代の字書類及び今日通行のJIS漢字までも収録して、親文字総計八百三字を掲載した。その主なるものを次に掲げておく。

書名（漢籍）	文字数	書名（国書）	文字数
玉篇	二八	新撰字鏡集	七
広韻	三九	類聚名義抄	三九
集韻	八九	節用集	四
龍龕手鑑	一六〇	運歩色葉集	三
類篇	一九	同文通考	六

海篇	一三	和字正俗通	一〇
正字通	五二	異体同字編	三
篇海類編	十二	倭字攷	七
字彙補	二七	中日辞典	一四
宋元以来俗字譜	五二	JIS漢字	一〇二

一字、二字を収録した書名は省略したが、右の表中、わが国の辞書類から、いわゆる「国字」と称するものが百二十二字も含まれているのが注目すべきことである。「国字」も異体字を広く収集すれば更に多くを集めることが可能であるが、これも実用の面から考慮して収録しなかった。

イ、語彙について

『大漢和辞典』の語彙は五十二万語といわれ、今日までの辞典には見ることのできなかったスケールの大きいもので、この上、いかなる語彙をいかなる典籍から収載するかが、「補巻」編集の当初における最も苦慮した事項である。考慮に考慮した結果、中国語や白話文体の戯曲小説類は省き、わが国の言語文化に影響を及ぼした文言体の漢籍で訓読できるものを主たる対象として、その中から語彙を選集することに決定した。幸いにも近年は、日中両国にわたり語彙の索引類が続々刊行されているので、それらを活用することとした。

索引と称しても、その単行本はもちろんであるが、近時の注釈本には、多く語句の索引が付けられているのが便利である。それらを活用しても『大漢和』と照合することに莫大な時間と労力が費やされた。しかし、『語彙索引』が刊行されてからは極めて能率的となり進行が捗った。そして選出した語彙には句読点、返り点をつけて解釈を施した。この作業に有力な資料として活用した典籍は、わが国では『漢文大系』『中国古典新書』『新釈漢文大系』『全釈漢文大系』『漢詩大系』『日本古典文学大系』『新日本古典文学大系』等の注釈本、及び『和刻本経書集成』『同正史』『同諸子集成』『同漢詩集成』『同漢籍文集』『同漢籍随筆集』の和刻本であり、中国においてはこの作業中に刊行された画期的大著『漢語大詞典』等である。

この両国における諸先学の学恩に対し敬虔なる謝意を捧げる次第である。以上のごとき有力な参考文献がなかったら、『補巻』の完成は到底望めなかったであろう。

ウ、語彙の特色

語彙のうちで先ず留意したことは、元来『大漢和』は、経子類からのものが多いのに比較して、史書・詩文からの語彙が少ないと言われるのに鑑み、史書・詩文からのものをでき得る限り多く採録することに努めた。

史書類について言えば、二十四史の中で、『史記』『漢書』『後漢書』の三史における語彙は充実しているので、増補すべきものは多くはなかった。しかし『晋書』以下、特に『新唐書』において増補すべきものが多かった。元来、史書の執筆者である史官は博学にして文才に長じていると言われるから、史書における語彙は、詩文類のそれと比肩し得るもので、それらの語彙を増補したことは一つの特色といえるであろう。

史書よりも更に多くの語彙採集に努力したのは詩文類からのものである。『大漢和』は、文学の淵叢といわれる『楚辞』や『文選』については他書に比して多量に採録しているが、それでも今回の作業では『楚辞後語』などからの採集は少なくなかったし、『文選』についてもかなり多くの語彙を増補することができた。

詩文類で、採録に努めたものは、先ず漢魏六朝時代の作品である。近年、この時代の文学の研究は盛んになっているが、『大漢和』にはこの時代の詩文からの採録は少ないので、今回はでき得るだけ多く採録した。『玉台新詠』『古詩源』『古詩賞析』『全漢三国晋南北朝詩』『漢魏六朝百三家集』等の資料を活用した。

ところで、詩文類からの語彙として最も多かったものは、唐宋時代の作品である。恩師からも、「李・杜」の詩などについては徹底的にやってほしいと言われていたので、その意に従って採録に努力した。その他、宋・元・明・清にわたる有名詩人の詩、唐宋八家の文等についても採録に手を緩めなかった。『漢詩大系』や『新釈漢文大系』『全釈漢文大系』等を参考とすることができたのは幸いであった。

次に、日本漢詩文の語彙を多くしたことも特色というべきであろう。『大漢和』は、中国の漢籍を主たる資料としているので、日本漢詩文からの語彙はあまり多くない。そこで今回はこの方面からの語彙についても留意した。

先ず奈良・平安の王朝時代の作よりの語彙は、昭和五十七年に私どもが刊行した『広漢和辞典』の中に掲載している『懐風藻』『勅撰三集』『菅家文草・後集』『本朝文粋』等の作品から採集した語彙を吟味再検討して掲載した。

最も重視すべきことは、従来等閑視されて来た五山文学関係の語彙を多量に加えたことである。これは室町時代の学僧、万里集九（?～一五〇四?）の詩文集である『梅花無尽蔵』の注釈を完成された市木武雄氏が、その書の語彙を中心として、広く五山文学関係の作品の語彙を多量に採録した。五山文学の研究に役立つことが極めて大きく、本辞典の一大特色ということができよう。

また、わが国で漢詩の最も盛行した江戸時代の作品については、『詩集日本漢詩』『江戸詩人全集』『江戸漢詩選』等を参考として採録した。

当時の作品を調査すると、その美言佳句の格調の高いものは中国の詩文に由来するものが多く、その自作の倭漢語は、その品格において一籌《いっちゅう》を輸する感じがした。

次に本辞典の特色というべきものは、漢代から明末に至る詩文家で、従来の人名辞典や辞書類には全く掲載されていない作者名を数多く採録したことである。一例を挙げると、『大漢和』第九巻、六百六十四ページの四段に、「荷氣」の出典として、

［陳去疾、采蓮曲］粉光花色葉中開、荷氣衣香水上來。

と示されているが、この詩の作者陳去疾の時代や閲歴については全く不明である。ところが今回の作業で、唐の詩人で字は文医、憲宗の元和十四年（八一九）の進士であることが、『全唐詩』八函、第二冊に載せられている陳去疾の解説によって明らかになった（『補巻』八九四ページ参照）。この詩は清朝の『駢字類編』に「荷氣」の出典として示されているから、『大漢和』は恐らくこれを採録したものと考えられる。

このように、『大漢和』には、『駢字類編』や『佩文韻府』などの類書から数多くの語彙を採録しているが、その作者の時代や閲歴は、今日まで明らかにされることもなく経過した。そこ

で今回は、『全上古三代秦漢六朝文』『全漢三国南北朝詩』『全唐詩』『全唐文』『宋詩紀事・同補遺』『元詩紀事』『明詩綜』等を調査して、それら詩文家の時代名や閲歴を明らかにすることができた。もし今回の作業がなかったら永遠に埋没してしまう詩文家を明らかにしたことは、芸林の一小補と自負するものである（ただし一詩一文だけの作者は省略してある）。かくして採録された語彙は三万三千余語に達したが、今回の作業の特色として更にあげるならば、語彙の出典や用例は原典を忠実に引用し、且つ語義の理解に資するために、従来の辞書に比して長文の引用文をつけたことである。また『大漢和』が旧字体・旧仮名を用いるのに対し、字体は新字体を（ ）内に示し、仮名遣いは新仮名を用いて旧仮名を（ ）の中に示して、現代的表記を用いた。更に「増補語彙索引」を付けて語彙の検索を容易にしたことなどがあげられる。

この作業を終えて結論的なことを言えば、親文字及び語彙の採録については十全を尽くしたとは言い難く、特に語彙は更に視野をかえて広く他の典籍に当たれば、恐らく無限ともいうべき語彙が存するであろう。しかし荘周も警告しているごとく、限りある生命をもって限りなき知識を求めることは無謀不可能であろう。今後もし更に追求増補するとせば、一般語彙はこの程度に止め、特殊な分野でそれを専門にする研究者によって、その特殊語彙の探索の行われることが望まれるであろう。

三、出版界の壮挙と委嘱の達成

『補巻』の完成には、前後十四か年の歳月を費やした。もちろんこの間、サイドワークとして編集刊行したものに『漢語林』『故事成語名言大辞典』『大漢和辞典語彙索引』『大漢語林』『漢文名言辞典』等があり、それらに貴重な時間を割愛され、夕陽西山に傾くみずからの老齢に焦燥の感に駆られることがしばしばであった。幸いにも後記した二十名の方々の献身的なご協力によって本辞典を完成することができたのである。この二十名の内、同門学友の市木君を除いては、すべて私の門弟の英俊で、いわば恩師の孫弟子に当たるが、それぞれ多忙であるに拘らず快く執筆してくれたことは感謝措く能わざるものがある。ただこの中、土屋泰男君が急逝されたことは、哀悼痛恨の極みであった。土屋君は静嘉堂文庫次長をされており、静嘉堂文庫の図書による調査は一切同君に一任してあったのに、事業半ばにして他界されたことは、人生無常とはいうものの、惜しみても余りあることであった。

また、本辞典の完成に当たって感謝すべきことは、出版社の大修館書店鈴木荘夫社長がこの前古未曽有ともいうべき不況下において、本辞典の出版を決意し、実行されたことである。そもそも『大漢和辞典』は、鈴木一平初代社長が社運を賭し、あらゆる困難を克服して達成した大事業であるが、父の辛酸を見るに忍びずとして、長男・次男・三男がそれぞれの前途を放棄断念して入社し、父を援助したことは世上見ることのできないことであった。而して長男鈴木敏夫社長は父の志業を継承し、難事業と目された修訂版を刊行して辞典の内容の整備充実とその普及に尽力された。次いで三男にあたる荘夫社長（現会長）は、先には『大漢和辞典語彙索引』を上梓して辞典の現代的活用を図り、今日更に本辞典を刊行されたのである。

『中庸』に孔子の言葉として、

武王・周公は其れ達孝なるかな。夫れ孝とは、善く人の志を継ぎ、善く人の事を述ぶる者なり。

とあるが、鈴木家の三兄弟こそは、まさしく孝道の至れるものというべきであろう。

かくて昭和の初年、『大漢和辞典』の編纂着手より七十余年、実に親子三社長による継続的大事業はここに完成したのである。出版界における一大壮挙といふも過言ではないと思う。

・執筆協力者

青木五郎	市木武雄	上田　武	謡口　明	江連　隆	大竹修一
大橋定雄	加藤　敏	金子彰男	國金海二	菅野禮行	高木重俊
高野由紀夫	田部井文雄	土屋泰男	松村英夫	向島成美	望月眞澄

回顧すれば、私ども両人が、昭和十四年、『大漢和辞典』の編纂に協力してから実に六十年、浅学菲才をも顧みず、ただ一筋に恩師の偉業に微力を続けてきたが、今、漸くにして委嘱の最後である第四期の作業の達成に漕ぎつけることができたのである。

大修館書店では、本書の発行を記念して、『日本の漢字文化』の大講演会を全国八か所で開催した。その第一回の四月八日、九段会館で私が「吾が師諸橋轍次博士を語る」と題して講演を行った。また、恩師が東宮殿下のご名号・ご称号勘申の大役をつとめられ、かつ学習院の同窓会では殿下の立太子のご慶事の際、そのお祝いとして殿下のご希望に従い『大漢和辞典』を購入して贈られたことに思いを致し、五月九日、米山君・鈴木荘夫社長を同道して東宮御所にうかがい、恭しく『補巻』を献上させていただいた。私どもの無上の光栄であると同時に、泉下の恩師もさぞ喜ばれたことと思うのである。

若林　力　　渡辺雅之

第六章　心に残るわが師の言行

わが師諸橋轍次博士は、明治十六年（一八八三）六月四日、新潟県南蒲原郡四ッ沢村（今の下田村）庭月に、父安平・母シヅの次男として出生し、初めは尚由子、後に止軒と号した。新潟師範・東京高等師範学校を卒業し、群馬師範学校教諭（一か年）、東京高等師範学校教諭・教授、東京文理科大学教授、都留文科大学学長を歴任し、昭和五十七年（一九八二）十二月八日、百歳で他界された。

私はこの恩師に師事すること五十年、先生のライフワークである『大漢和辞典』の事業に従事すること六十年に及び、上述のごとく言語に絶する鴻恩を蒙っている。恩師について語るべきことは多く存するが、特に心に残る恩師の言行について、私が実際に恩師から伺ったことや、恩師の日記および私が鑑修した『諸橋轍次博士の生涯』などを資料として書き留めたいと思う。

一、親孝行

「孝は百行の本」といわれるが、恩師はまれに見る親孝行であった。

(1) 風樹の嘆

恩師が私共によく語られたことは、幼時、夜の寝物語に母親シヅが『西遊記』の孫悟空や『南総里見八犬伝』の話などを面白く語って聞かせてくれ、母の腕に抱かれながら夢路をたどったもので、母のぬくもりが生涯忘れられない、ということであった。

その母親が、恩師が高等師範を卒業して群馬師範学校に赴任した明治四十一年(一九〇八)四月十五日に五十三歳で他界されたのである。同年四月六日の恩師の日記には、

宿に帰れば家よりの書面、遅しと開けば楽しき便には非ざりき。母、予の帰京後、めっきり衰弱し給ひ頼み少なき御容体に至り給へりと。成功やなに、発奮やなに。父を慰め母を安んずる為ならで何のところにか人間の活動を求めん。予の心はいたくうたれぬ。嗚呼、時よ運ぐれ。神よ救へ。

と記されている。何という恩師の心の悲しみであろうか。何というやる瀬ない恩師の心情であろうか。続いて四月十一日の日記には、

三時、宿にかへれば父より書面来たる。母の病よろしからずといふ。木欲静而風不息、子欲養而親不待。……何を考えたか、僕は十分程筆を抛って瞑目した。

とある。「木（樹）静かならんと欲すれども風息《や》まず、子養はんと欲すれども親待たず」とは風樹の嘆として孝子の悲しむところであるが、恩師にしては、就職もしてこれから親孝行もできようと考えていた矢先の母親の臨終の知らせであった。筆を投じて瞑目した時の恩師の心情は察するに余りある。

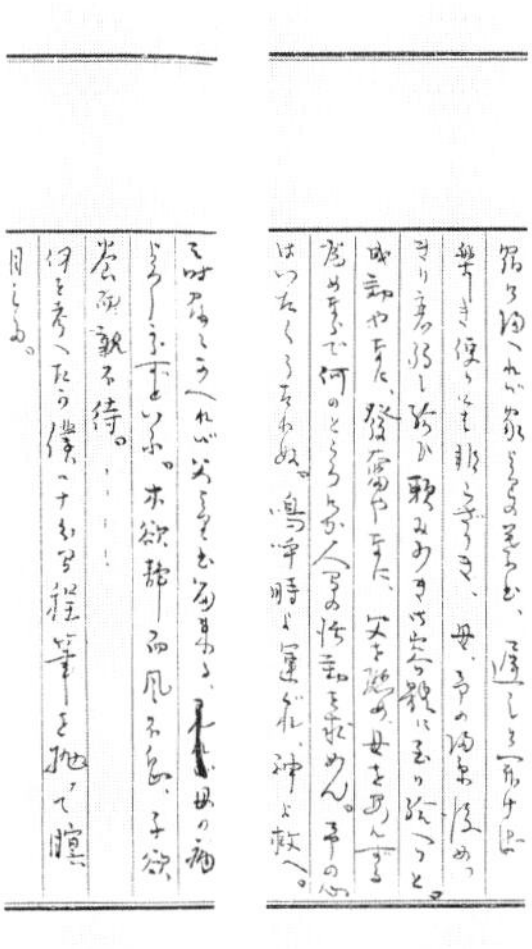
諸橋先生の日記（右：明治41年4月6日、左：同年4月11日）

越えて四月十五日の日記には、

今日は九時はじめなり。食後二十分の休憩を与えて予は登校せんとす。

電報がまゐりました。

主婦の一語は、われに地獄の業風の如

く響きたり。見れば見れば……。

校長に暇を乞うて八時三十二分、前橋停車場を出づ。雨少し降る。高崎にて東京一番に間に合ひしは神の助か。ごろごろ響く汽車のわだちは歩一歩々、わが心を砕きつつ進めり。山も川も春の装ひは美はしかるべけれども曇れる眼には彩なし。上田に近づく頃、常には見ざりし墓地の面も新墓のかずかず眼に入りぬ。アア母は已に逝き給ひぬるか。善光寺に着きぬといふ。あんず羊羹名物なりと聞けば、母に羞《すす》めんとて買い求めたり。足早き汽車も空翔《か》くる心の翼に比べては余りに遅し。罪なき駅夫を憎しと思ふはわがせきたつ心の鬼か。


と記されている。臨終の母親に一眼でもお会いしたいと心せく恩師の心情、想像するだに惻隠の情を禁じ得ないものがある。かくて三条に到着して、長姉ミス様の嫁がれた須藤家に寄って母の長逝を知らされ、

耳は聾《ろう》し、目は眩《くら》み、石仏のごとく鞏《きょう》直《ちょく》し、かくてもあられねば足をいそぎて家に向ふ。十五夜の月は、いとも明らかなる夕なりき。

轍や今御帰りかい。

やさしき御歌に手拭冠りて格子戸の傍らに予を迎へ給ふ母君のいつもの御俤、今ありありと目に見ゆるなり。
小古瀬に一年、新潟に四年、東京に四年、殆ど十とせに近き月日を旅に送りて、僅かなりとも独立の地歩固まりたれば、いざこれよりなつかしの父君母君を楽しましめ申さんと朝夕の心慰めとなしつるものを今は変れる御姿に接して永久の御別れを告げまゐらせんとするか。母君は如何に予の帰りを待ち給ひつらんを、職務あればとて定省（親につかえて晩には寝具を安らかに整え、朝にはその安否をうかがう）を怠りしは余りに強きわが心なり。

と、切々綿々と風樹の嘆を述べ、病中の見舞いを怠った不孝の罪をわびている。
恩師の日記を拝読すれば、母親を夢に見て恋い慕う記述が多いが、その年の六月三十日には、
寝につかんとせしが、ふと思へば今日は母の十一、七日（七十七日）なり。いま頃はいづこにおはすらん。「帰ってきたかや」との御やさしい御俤いづれの休暇なら聞かれたであらうものと思へば、アア淋しきは今年の帰省か。空しき新墓に香華手向けて限り無きうらみの涙を卒塔婆に注ぐ、予もまたかかる境涯に至りしか。かつては父母のご逝去を夢みてすら泣きしわが身の醒めやらぬこの嘆き、果たしていつの日にか忘れられん。香爐もなき

書生の分として今硯蓋の間に線香をともせば、無き風に烟はなびきて予の鼻をおそへり。アア。仏の御心にや思いの通じけん。嘆きの中にも嬉しさあり。ゑみのうちにも涙あり。父君は定めし今がわびしき日を送り給ふらん。三十年来、児供の御養育につとめられて、よし、諸共に御楽いたさせ申すべしと思へる今日ははやこの不幸、アア、父上様の御胸中、思へば予も悲なり。今は天にも地にも一人の親上、われは只あらん限りの孝養を父にいたさんかな。

と記されている。六月も末となり夏の帰省も近づいた一夜、母の七十七日の忌日に、香をたいて母を弔い、さては母を失える父上の身を案じ、天にも地にもただ一人の父親と考えて、孝養の限りを尽くさんとは、純孝そのものというべきではあるまいか。

(2) 諸橋家の宝

恩師の長男隆典《たかすけ》さんは、わが諸橋家には父親以来、家宝としてどなたにもお見せしない大事なものがあると言われたので、無遠慮にもそれを拝借して拝読したことがある。それは『陟岵《ちょっこ》墨宝』と称して、上下二巻に表装された恩師の父嵐陰から恩師に寄せられた書簡集である。

「陟岵」とは『詩経』の魏風の中に見えている詩である。

「彼の岵《こ》に陟《のぼ》りて父を瞻望《せんぼう》す」と歌われているように、出征の兵士が樹木のない禿げ山に登って、遥かに遠く離れているふる里を眺めて父や母を恋い慕っている詩である。新潟のふる里を遠く離れて東京の異郷に住んでおられた恩師が、天にも地にもただ一人の父親と慕っている嵐陰からの書簡を何よりも大切な宝として保存されたものが、この「陟岵墨宝」である。明治四十年三月十四日から大正七年九月二日までの十か年にわたる百五十余通、父親から頂いた墨痕鮮やかな書簡集である。明治四十年三月と言えば、恩師が東京高等師範学校を卒業する一年前のことであり、大正七年九月二日は、父親の嵐陰が他界された二十日前に当たる。

この書簡集の内容は、わが子をいつくしむ父嵐陰の暖かい慈愛であり、父親を慕って孝道の限りを尽くした恩師の純情そのものであった。恩師の兄（長男）は早くから北海道に赴いて他家の養子となっておった関係上、嵐陰は恩師を唯一の力頼みとされておった。書簡の内容を拝読すると、東京在学中は郷里の有志から援助を受けておったので、卒業後は月額七円ずつ、それに嵐陰が小学校の先生を退職された大正三年六月以降は月額五円（後には十円と増額）を送金されており、それに年末や不時の出費には相当多額の送金をされ、折にふれて銘菓や父親の愛読した俳諧などの書物を送り届けておられる。当時の月給は四十五円（初月給は四十五円二十七銭）という薄給であったのに、よくぞ送金を続けたものと思われる。

扨又不図《さてまたはからずも》金拾円の御歳暮御心添の段、此際実に轍鮒《てっぷ》の急（さし迫った苦しみ）を救はれ候内情にて、大悦仕候。本年は子供始め自分も病気かたがた又外に焼木小屋新造等の為め、経費外の入用ありて、此年末には頗る苦心の折柄、偶然にもかかるご芳志にあづかり、神助とや言はん、畢竟、老身に心を寄せらるる御至誠の感応と奉敬謝候。殊に文部の御賞金とあれば一層難有相受仕候。

これは明治四十四年十二月二十九日付の嵐陰からの書簡である。

思うに恩師は年末の賞与を割いて十円を送金されたもので、それに対するお礼の書簡である。物置小屋の新築その他で困窮していた年末の送金は、嵐陰も心に沁みて嬉しかったものであろう。「神助とやいはん」とまで喜ばれている。これに類する嵐陰の書簡は多く見受けられるが、嵐陰をして特に喜ばせたものは、恩師が大正二年四月四日、東京高等師範学校教諭となって高等官八等に叙せられた吉報に接した時のことである。

復啓本日の吉報に対し、不取敢執筆御返事申上候。扨日頃の御精勤と真実の結果、思ひよらざるご栄進、真に是れ家門の幸慶これに過ぎたるはなく、我々父母の心事はいふ迄も無之、考妣《こうひ》（亡父と亡母と）水月庵様、心性院様、蒙庵の御先霊、第一は宝鏡大師（恩師の母親）いか斗《ばかり》地下にありて満足の思ひならんとそぞろ涙を催し、恭しく来書を捧げて持仏に報告致候。

つらつら考ふれば、下田の山麓に教鞭を執り、小学の尋常科に従事する草莽《そうもう》（民間。在野）の此身にして高等官の賢息を出したるは、最早死して憾《うらみ》なく祖先に対して面目ありといふべし。今夕は更に酒肴を調ひ、家庭笑眉を開きて打談ずべく、更に益々御身大切に御加養ありてあく迄帝国の為御つくし頼入候。山堂皆健、乍末きん子へ宜敷。

父嵐陰をして、「最早死して憾なく祖先に対して面目ありといふべし」とまで感動させているこの栄誉は、父親に対する大孝をつくされたものというべく、続いて同年五月八日、正八位に叙せられた吉報に接するや、

扨又年来の御精勤と御修養の結果、諸橋家に未だ嘗て例なき御発展、殊に今回は叙位の御光栄、草莽の此身にとりては心事の快感筆紙に尽すべきにあらず、一言以て蔽之、我望足矣といふ外無御座候。

という書簡をものされている。「一言以て之を蔽《おお》へば、我が望み足れり」とまで言わしめた恩師は、最高の孝道を尽くされたものというべきであろう。

後年恩師は陛下に漢文学御進講、正三位勲一等、文化勲章受章、三皇孫ご名号ご称号勘申、東宮殿下六か年御教育という学者としての最高の栄誉を担われているが、嵐陰にして知るあらば、その胸中いかばかりかと察しられる。

『陟岵墨宝』には、恩師の孝心を伝えるべき幾多の秘話が収められているが、最後にもう一つお伝えしたい。

恩師は大正七年、五、六月の間、四十日に亘って中国への初旅行をされているが、その旅行を無事に終えて帰国したという恩師からの音信に接した嵐陰は、その返信として六月十七日に、

御出発以来、只心尽し迄に、毎夕日課として御道中安全祈請の為め、普門品《ふもんぼん》（観音経）読誦不怠候処、十四日午後五時御認めの葉書今朝正に到着仕候。春来、支那地特に物騒の処、先づ以て万里の旅程も何等の危難もなく、而も身体に一層の健康を加へられ首尾目出度帰宅と相成り、実に一家の慶事、老夫妻の安堵無此上、茲に謹で奉恭賀候。幾多の山川を跋渉し旅塵払ふに暇なき身、時々御通信下され前後三十一回、其都度容顔に接するの思

ひを成し、又各地の写真を居ながら賞覧して家族打寄り遥に御噂申上居候次第、誠に故地を棄てざる御芳志、幾重にも奉感謝候。右御帰報に対し、御挨拶として短楮《たんと》（短い手紙）拝呈仕候。

と記されている。わが子に対する父親の書信としては誠に鄭重であることに心打たれると共に、わが子の旅行中、毎夕観音経を読経してその安全を祈られた父親の情愛、また四十日間の旅行中三十一回も、現地の写真を添えて、わが身の無事を報告された恩師の孝心、まさにこの慈父ありてこの孝子ありというべきではあるまいか。父、父たりて、子、子たりの感切なるを覚える。

(3) これで親孝行ができた

恩師は昭和五十一年十一月勲一等瑞宝章の叙勲を授与されたが、その内報があった時、早速お宅に参上してお祝いを申し上げると、恩師は消え入るようなかすかな声で涙ぐみながら、

これでやっと親孝行ができました。

と言われた。『孝経』には、

身体髪膚、これを父母に受く。敢へて毀傷せざるは、孝の始めなり。身を立て道を行ひ、

名を後世に揚げ、以て父母を顕はすは、孝の終りなり。

とあるが、時に恩師は九十四歳。生まれつき頑健ではなかったが、摂生に摂生をされて九十四歳という高齢に達し、さきには文化勲章を受章され、今また勲一等という光栄に浴されたので、「これでやっと親孝行ができました」、と言われたのである。『孟子』には舜帝の大孝を述べて、

夫れ大孝は終身、父母を慕ふ。五十にして慕ふ者は、われ大舜において之を見る。

とあり、舜帝が五十歳で父母を慕ったことを賞賛しているが、恩師は九十四歳の老齢にしてなお且つ父母を慕っているのであった。いや、恩師の書斎には、ご両親の写真が掲げられてあり、日々ご両親に接し、終生慕い続けられたのである。

二、郷土愛

恩師のふる里下田村は、山間の地で美しい自然に囲まれている。村の中央を流れる五十嵐《いからし》川の清流、その河畔に臨んで聳え立つ八木ケ鼻の絶壁、山間に群がり咲く姫小百合など、まさに天下の秘境ともいうべき所であるが、その美しい自然の中で成長されたからであろうか、恩師は終生ふる里をこよなく愛された。私があの秘境、五十嵐河畔の嵐渓荘に一泊した時、ホテル

の主人が、実は諸橋先生の揮毫された色紙がありますが、今までどなたも読めないんですと言って示めされたのが次の色紙である。

幾十《いくそ》多飛《たび》　夢に通ひし故さとの
　水はうるはし　山はうるはし

この色紙は恩師が六十八歳の時の揮毫で、石川啄木の「思い出の山　思い出の川」に通ずる歌であるが、ふる里を恋い慕う心がよく歌われている。

ホテルの主人は更に、恩師の揮毫されたものと言って次の一幅を示された。

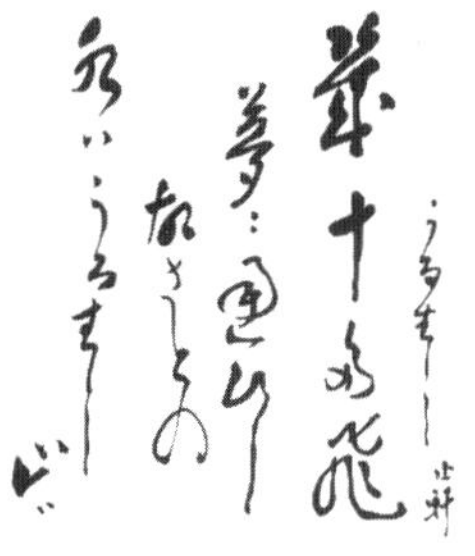

諸橋博士書「幾十多飛…」

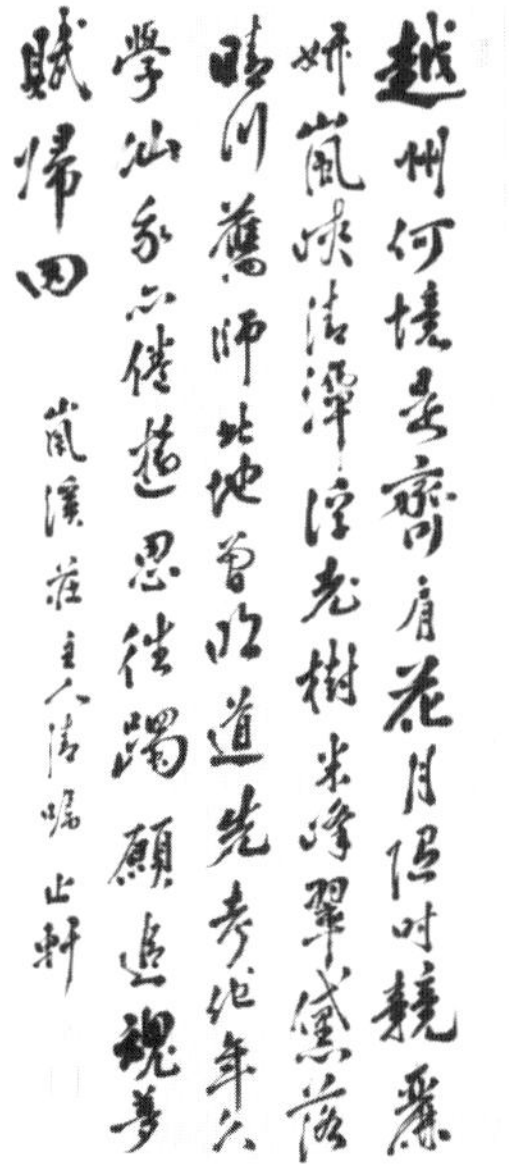

諸橋博士書「郷思」

越州何境是斉肩
花月随時競麗姸
嵐峡清潭浮老樹
米峰翠黛落清川
旧師此地曽明道
先考多年久学仙
我亦倦遊思往躅
願追魂夢賦帰田
嵐渓荘主人清嘱　止軒

越州何れの境か是れ斉肩、
花月時に随ひて麗姸を競ふ。
嵐峡の清潭《せいたん》老樹を浮かべ、
米峰の翠黛《すいたい》清川に落つ。
旧師此の地に曽《かつ》て道を明らかにし、
先考多年久しく仙を学ぶ。
我また倦遊往躅《おうたく》を思ふ、
願はくは魂夢を追ひて帰田を賦せん。

「郷思」と題する七言律詩で、恐らく前の歌と同時の揮毫かと思われる。ふる里下田村の自然の美を歌い、ふる里に帰りたいという意を歌ったもので、「斉肩」は肩をならべる、嵐峡は五十嵐川の峡谷、米峰は絶壁として聳える八木ケ鼻を指す。翠黛は緑のまゆずみのような山色、旧師は十三歳の時から三か年起居寝食を共にして教えを受けた静修義塾の塾長奥畑米峰、先考は亡父嵐陰、倦遊は他郷における生活に倦み疲れる、往躅は先人の行為

（晋の陶淵明が帰去来の辞を作って故郷に帰った故事）、最後の句は、夢に見る懐かしのふる里に帰る詩を賦して引退したいという意である。

ふる里をこよなく愛された恩師は、ふる里の青年の志気を鼓舞する漢詩を作ったり、或いは小学校の校歌を作り、更には多くの図書や多額の育英資金を寄附されて村民の育英に貢献されている。されば下田村では、第一号の名誉村民としての称号を贈っている。その称号を頂いた恩師はこれにまさる有難いものはないと感謝し、

私共は、故郷《くに》の皆さんにご厄介になるばかりで、何一つお役に立つこともいたしておりませぬが、強いて申し上げるなら、父が一訓導として生涯、この下田で働いたことと母が娘さん達に裁縫を教えたぐらいのもので、取り立てて村のために貢献したとか、まして県の教育界に寄与などしてはおりませぬ。私などはなおのことでございます。それなのに、『名誉村民』の称号を頂戴するなんてお恥ずかしい。故郷の方言で申せば、『しようしだ』とても申せばよろしいのでしょうか。その私もやがて両親のもとに眠るのでございますが、私に『名誉村民』というお土産まで下され、今日は皆さんから祝って頂いて大変恐縮しております。ただもう『うれしい』の一語に尽きるのでございます。

と挨拶されている。何と謙虚で感謝に満ちた言葉ではありませんか。しかも「私もやがて両親のもとに眠るのでございます」の一語は、恩師の心からの願いで、後に臨終間近になられた時に、

　私の心は、すでに故里《くに》の庭月にある。私の心からの願いは、両親と一緒に眠りたい、ただそれだけだ。

とご家族に話されたという。ふる里を愛し両親を恋い慕う恩師の心情を吐露したものである。果たせるかな、恩師は現にふる里の両親のそばに永眠されておられる。

なお付記すべきことは、恩師のふる里下田村では、あのふる里創生事業の際に、恩師の偉大な学徳を顕彰すべく、恩師の生家の付近一帯を「漢学の里」と名づけ、生家に隣接して広大な敷地を求め、堂々たる「諸橋轍次記念館」を建設した。この記念館には恩師の遺書・遺墨・遺品や『大漢和辞典』関係の資料等が多量に集められ展示されている。開館は平成四年十一月のことで、当時私も出来得る限りのお手伝いをした。

諸橋先生の墓前に額ずく

また、残念でならないことは、恩師が他界される二年ほど前であったと思う。米山君と私に対し、「自分がふる里に帰っている時に、一度両君が揃って来て欲しい」と言われ、私共も欣然必ずお伺いします、とお約束したが、ついぞその機会に恵まれずにお別れしたことは、実に千載の憾みである。私は記念館の建設以来、度々恩師のふる里を訪ね、恩師の墓前に額《ぬか》ずくが、その度ごとにあのお約束が思い出されてならないのである。

三、謙虚

親孝行であった恩師は、また実に謙虚な方であった。私が今も心に強く残っていることは、昭和四十三年（一九六八）の年の暮れだったと思う。新聞紙上に皇室では第二番目のお孫様が近々ご降誕になられるという慶事が報道された。その直後私が恩師のお宅に伺った時に「今回もご命名撰進の大命を拝されたことでしょう」と申しましたところ、恩師は立ちどころに語気を改め、「そのようなことはありません」ときっぱり申された。私は直感的にお尋ねすべきことではなかった、「駟《し》も舌に及ばず」（一度しゃべったことは取り返しがつかない。ことばには気をつけなければならないというたとえ）と用件もそこそこにして帰宅した。ところが翌年四月に紀宮様がめでたくご降誕になり、恩師がご名号ご称号勘申の一人として発表されていた。その後用事があって恩師をお訪ねした時のことである。恩師は和服の身なりを正して、

今まで君に対して偽りを言ったことはないが、昨年君に対して偽りを言ってしまった。実はあのとき、ご命名勘申の大命を拝していたが、事は皇室に関することなので、言うべきことでないので偽りを言ってしまった。

と言って頭を下げられた。

この恩師の皇室に対する謙虚なお心と、門人に対するお心遣いには全く恐縮感激の極みであった。

これと同様な事があった。昭和五十六年（一九八一）十一月に『広漢和辞典』上巻を恩師の白寿記念として刊行するに際し、大修館書店ではその宣伝文の中に恩師の略歴を記し、三皇孫のご名号・ご称号勘申のことを記載して、それが広く配布された。後にそれを知った恩師は大変立腹され、その宣伝文を全部回収せよと叱責されたのである。恩師は皇室に靖献することをもって無上の光栄とされていたが、それを自ら語るということはなかったのである。思えば昭和十二年一月二十二日、ご進講の大役を果たされたが、その日を迎えるまでの一か年は夜の宴

席などは一切出席せず、健康に留意されたといわれる。

四、たむけぐさ

恩師の親友で新潟師範も東京高等師範も同窓であり、私の高師時代の担任をされた玉井幸助先生が、ある時私に、

諸橋先生は奥様が亡くなられてから、三十首の『たむけぐさ』を送ってきたので、私も返歌三十首を作って送ったことがある。

と言われたことがあった。しかしそれぞれの三十首を見出すことはできなかったが、『諸橋轍次博士の生涯』の刊行後、恩師の末娘の斉子《きよこ》さんが恩師の三十首を所蔵されていることが判明し、諸橋轍次記念館では大橋定雄君を煩わして『たむけぐさ』として出版されている。

恩師は奥様について語られることが殆どなかった。それこそ糟糠の妻として四十一年、影の形に添うごとく苦楽を共にされたが、昭和二十六年（一九五一）七月三日、六十四歳で他界された。目もご不自由であり、東宮殿下の漢文学ご進講、『大漢和』の再企事業などでご多忙であった恩師は、命の綱ともいうべき奥様に先き立たれ、いかばかり愁傷落胆されたであろうか。

その『たむけぐさ』三十首の序に、

亡妻名はキン子、小千谷町山本庄左衛門の長女なり。母は西脇氏、明治四十三年、来たりて予に嫁す。爾来四十年、形影倡随、心を尽くして三男二女の養育に力め、又能く勤倹を旨として庶政の斉治に従へり。吾が家、寒素の中にありと雖も、なほ信を友朋知己に失はず、兄弟和楽、常に親戚の情話を楽み得たるものは、内助の功多きに居る。昭和二十六年七月三日卒す。静穏眠るが如し。釈謚《しゃくし》して徳応院錦室貞諒大姉と曰ふ。今茲小祥忌（一年忌）に当り、季女斉子の請により故人居室の襖《ふすま》替を為す。断紙数片を得たり。仍《よ》りて当時の詠懐三十首を録して以て追遠の記となすと云ふ。

壬辰（昭和二十七年）夏日　　止軒

と記されている。一年忌の法要を営み、末娘の斉子さんの願いを容れて書かれたものである。

あがつまは　はや御仏となりぬらし
　とはの眠りに憂き影もなく

に始まる三十首は、綿々と在りし日の奥様を偲ぶ恩師の心情が歌われている。

語らはん　人亡き今のわびしさは

心うつろに日々の過ぎゆく

人前では語ることはなかったが、共に語るべき奥様に先だたれて、心うつろに寂しい日々を送るのであった。

ややもせば　挫けんとせし我が志《こころ》

君が力にいきし幾多比《いくたび》

健康を害することが多く、ともすれば挫折せんとした恩師を励ましてくれたのが亡き妻であった。

柿の実を　いたく好める妻にして

いかなれば秋もまたずゆきたる

恩師のお庭には、秋になれば美しく色づく柿の木があり、田舎育ちの奥様はことのほかその柿の実が大好物でありました。この歌は、おそらく柿の実が色づき始めたころに作られたものであろう。その色づく柿の実を眺めて、この秋を待たずに、他界した妻への心残りを悲しんでおられる。

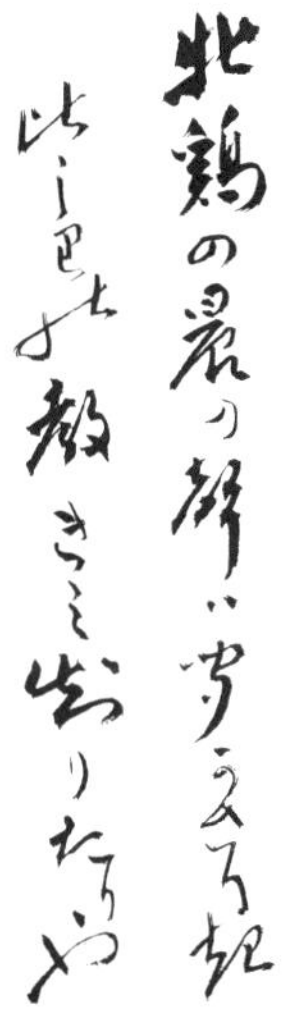

諸橋博士書
「牝鶏の…」

牝鶏《ひんけい》の　晨《あした》の声は聞かざり起

比じりの教きみ知りたりや

牝鶏の晨の声とは、めんどりがときの

声をあげる。かかあ天下の意。夫倡婦随、ただひたすらにおのれをたてることのなかった亡妻への感謝の歌であろう。

恩師にしてこの様な亡妻への深い愛情の情を歌われているとは、誰人も気づかず、改めて恩師の人間愛の深さに感動するものであった。

五、学問の心得

恩師の学問の中心は儒学の研究で、その処女作ともいうべき著述は、何と東京高等師範学校研究科の時、一か年でまとめた卒業論文『詩経研究』であった。恩師が『詩経』の研究をされたのは、三宅雪嶺先生の勧めに従ったものといわれるが、僅か一か年の研究にしては驚くべき周到綿密なる内容であり、『詩経』の研究としては画期的なものであった。

『詩経研究』を第一歩として儒学（経学）の研究を深めた恩師は、大正八、九年の中国留学中に『儒学の目的と宋儒慶暦至慶元百六十年間の活動』という研究題目を定め、帰朝後学位論文の作成に着手し、昭和四年（一九二九）一月、東大より文学博士の学位を授与された。恩師の儒学に関する研究の根幹ともいうべき大著であるが、恩師の学問の幅は広く、老荘道家の諸子学及び史学、書誌学・国学にもわたり、それらは『諸橋轍次著作集』全十巻と『諸橋轍次選書』全六巻に収められている。

恩師はこれらの研究著述によって範を私共に示すと共に、機会あるごとに、学問上の心得を語ることが多かった。

(1) 止水に鑑みる

恩師の名は、父嵐陰が北宋の文豪蘇轍（一〇三九～一一一二）にあやかって命名したものであり、次男であったから轍次と称したのである。若い時代には蘇轍の字《あざな》の子由に因んで尚由子（子由を友として交わるの意）と号したが、後には止軒と号した。それは『荘子』徳充符編に、「人は流水に鑑みるなくして、止水に鑑みる」とあるのに基づいたもので、「流れる水に姿を映しても、はっきりとは映らないので、静まりかえっている水に姿を映してみる」、学問も同様で、雑念を去った静粛な心で読書をすれば、作者の精神がわが心に映ってよくその真を理解できるということである。雑念を去って、ただそのことに専念せよという教えである。恩師はよく言われた、長い時間をかければ成果があがるというものではない。短時間でも専心すれば成果があがるものであると。宋儒のいう「主一無適」、一事に専念して心を他に散らさないという教えもこれを意味するものと思われる。

⑵　行くに径《こみち》に由らず

恩師はよく「行くに径に由らず」ということを話された。これは『論語』雍也編に見えるもので、孔子の門人子游が魯の武城という町の長官となった時に、孔子が子游に対して「よい人物を部下に持ちましたか」と尋ねると、子游は「澹台滅明《たんだいめつめい》といふ者有り。行くに径に由らず。公事に非ざれば、未だ嘗《かつ》て偃《えん》の室に至らざるなり」と答えたという。「道を歩くにも小路を通ることをせず、公務以外には、一度も私（偃は子游の名）の私宅を訪ねたことがありません」という意で、要するに澹台滅明は、大道を闊歩した極めて公明正大な人物であることを物語ったものである。

『老子』にも、「大道は甚だ夷《たひ》らかなり。しかるに民、径を好む」とあるように、人はとかく脇道の小路を近いように思われて、それを歩きたがるものであるが、その道中にはぬかるみがあったりして、大道を歩くより却って時間のかかることがある。やはり大道（公道）を堂々と歩く方が結局は目的地に確実に到着する。学問も同様、大道を歩まなければものにならない。儒学を修めるにも学ぶべき基本がある。それを先ず学んでから、自分の好む細かな研究をすればよい。「行くに径に由らず、大道を歩め」とは、幾回となくお聞きした様に記憶している。

この「行くに径に由らず」は、恩師の学問上の指針であったばかりでなく、処世訓として座右の銘とされたものである。かの西郷南洲が、

事大小となく正道を踏み、至誠を推し、決して詐謀を用ふべからず。人多くは故障生ずる時に臨み、詐謀を以て其故障を通過すれば、其他は憂ふるに足らずとなせども、詐謀の弊必ず生じ、事必ず破るるものなり。之に反し、正道を以て行へば、目前には迂遠に見ゆるも成功は却って早し。（西郷南洲遺訓）

と言っているのも、全く「行くに径に由らず」と同旨のものということができよう。

この「行くに径に由らず」は、私自身も恩師の講演などや日常の談話で幾回となく聞いたものであり、恩師のふる里、下田村の方々にもよく理解されており、「諸橋轍次記念館」には、その正面玄関の左の外壁に、恩師が揮毫した「行不由径」の四文字を拡大してはめ込んである。

諸橋轍次記念館前にて前下田村村長皆川氏（左）と。壁に「行不由径」の文字が見える

(3) 知らざるを知らずと為せ

恩師が授業中によく言われたことは、「わからないことはわからないとはっきりしておくことだ」ということである。これも『論語』に見えている。孔子は、軽率でともすれば正確さを欠く短所のあった子路に対し、

知るを知ると為し、知らざるを知らずと為せ。是れ知るなり〔為政〕

ということを教えている。真の知識を得るには「分かったことと分からないことをはっきりさせる」ということである。恩師は授業中、時として、「ここはよくわからない」ということを言われた。学生の中で質問好きの者がその分からないところを質問すると、「先生の知らないことを質問するものではない」とジョークを飛ばしながら、「これはこのようにも考えられるが、実はまだ分からない」と言って、疑問の理由を説明してくれた。

恩師が文化勲章を受章された時、昔附属中学校で担任をしてもらった二十人程の方々が開いた祝賀会の席上で、東大の物理学を専攻した某名誉教授が、「私の今日あるは、附属中学校時代に諸橋先生から、『知るを知ると為し、知らざるを知らずと為せ』という『論語』の言葉を詳しく教えていただいたお陰です」と言われたことがある。特に自然科学の世界などでは、これは絶対に守らなければならないことであろう。同時にまた、不明の箇所を明確にさせて置い

てこそ、後人の研究が行われ学問の進歩が促進されると思う。

(4) 寡欲なれ

忘れもしない昭和十二年三月、私どもが文理科大学を卒業するに際して、ささやかな謝恩会を開いたが、その席上で恩師が私どもに餞《はなむけ》として語られた言葉は、「寡欲なれ、欲を少なくせよ」ということであった。

人間の欲望には、権勢欲、名誉欲、物欲、色欲など、さまざまあるが、特に学問、教育に志す者は、それらの欲望に走っては大を為すことができないという教えであった。

寡欲という言葉は『孟子』に見える「心を養ふは寡欲より善きはなし」(尽心下)と言って、心すなわち人間性を養うには、欲望を少なくせよ、というのである。

『論語』や『孟子』の中には、欲望に基づく利の追求を誡める言葉が多く、無為自然を主張して人知人欲を否定する『老子』の中にも、「素を見はし、樸を抱き、私少なく、欲を寡なくせん」(第二十章)とある。

寡欲を忘れて、君主自らを、さては国家を滅亡させた例は、史書をひもとくまでもないことであるが、つらつら考えてみると、近年多発する非行や犯罪も、その原因を探求すれば、分外の欲望を求めるところに存することが多いように考えられる。道義の衰退もここにその一因があるのではないだろうか。現今は心のあり方が問題となっているが、孟子が今より二千三百年前に「心を養ふは寡欲より善きはなし」といった言葉を静かに味わってみるべきではあるまいか。恩師が卒業する私どもにそれを語られたのは、大いに意義のあることであった。

恩師は、「学ぶ所にそむかず」と言って、先哲先賢の書を読んで心に感動する教えは、必ず肝に銘じて忘れず、それにそむくべきではないと、常々言われたものであった。「論語読みの論語知らず」に陥ることを誡められたのである。

(5) 読書の勧め

前にも述べたように、「読書、外慕無し」といって読書を最大の楽しみとされた恩師は、学生たちに読書を勧め、特に「不快でたまらない時は読書するに限る」と言われたものである。読書尚友、古人を友としてその英知名言に耳を傾けて、みずからの向上に力めるとともに、心中の不快を払拭することができるとしたら、それこそ一石二鳥というべきではあるまいか。

南宋の大儒朱子（一一三〇～一二〇〇）は、「四時読書の楽しみ」と題する詩の中で、「人生惟だ読書の好きあり」とか、「読書の楽しみ楽しみ窮まりなし」と声高らかに歌っている。

近来は、読書の運動が全国各地で盛んに起こり、その成果を挙げているが、恩師は自らも読書を好み、進んで私どもに読書を勧めてやまなかったものである。読書は人の力を借りずに独力でできる。これも近年叫ばれていることであるが、生涯学習の一つとして、読書こそ最適なものではあるまいか。

◇閑話休題——物忘れの大家

恩師の随筆に『善忘十話』がある。恩師は謹厳周到なる反面、愛すべき物忘れの大家であり、みずからもその性癖をよく弁えておられたので、『善忘十話』をものされている。

私たちに恩師が講義する際、学生の成績を記入してある閻魔《えんま》帳をよく教室に忘れたものだ。そして恩師の講義本やノートの裏には、

この本（帳）御拾ひの御方は恐入りますが左記へ御送り願ひます。

東京高等師範学校内　諸橋轍次

と記されていた。これなら何処に置き忘れても心配はない。

恩師の語る物忘れの二、三を紹介したい。隣家で長く会っている人でも、その顔を忘れて失敗したという。

つい先日も図らざる失敗をした。朝早く散歩していると偶然途上で顔見知りの人に出会った。先方もニコニコしていたから、もちろん私を知っていたに違いない。「おはよう」というあいさつだけで済めばよかったが、私の歩いていく方にその人も足を運ぶので、いつとはなし、天気のことや、自動車の多くなったことなど、さしさわりのない話をするようになった。しかし、どうしてもその人が、どこの人だか、何という人だか、思い出すことができなかった。最初に会って声をかけられた時に、「失礼ですが、どなたでしたか」と尋ねれば問題はなかったのだが、つい問いそびれてしまったので、どうにもあとがまとまらない。最後に宅の近くまできたので、いよいよお別れと思ったから、「私はここで失礼しますが、お宅はどちらでしたか」といらぬことをいったのが失敗のもと、その人はゲラゲラ笑って「お隣りですよ」といわれたので、何ともつじつまが合わなかった。

その他、道を聞かれて間違った地図を書いたり、下駄をはいて会合に出かけて、帰りにとり違えたり、帽子をとり違えて帰ったり、はては羽織を間違えて帰宅したこともあるという。

恩師の物忘れの最大のものは、東京高等師範学校の学生時代以来、多くの恩義を受けていた嘉納先生をお伺いして、帽子を忘れたといって大失敗を演じたことである。

ある時、用事があって嘉納治五郎先生を訪ねたことがある。要件も済んだので、お暇すると、何だかあたまが寒い。フト気がついてみると、頭に帽子がのってない。さてはまた忘れたかとあわてて、もとの玄関にひきかえすと、私を見送って下さった先生はまだ玄関におられてた。「何か忘れものしたのか」「イヤ、帽子を忘れまして」と申し上げると、先生は笑いながら「君、手に持っているじゃないか」といわれた。平素物忘れをするという心のひけ目が、頭の寒いと感じた瞬間に、こんな軽忽の態度となったものであろう。（諸橋轍次著作集第十巻）

謹厳な先生の周章狼狽《ろうばい》が目に見えるようである。

また、こんな話を直接伺ったことがある。知人の葬儀ということで、青山斎場に出かけた。係の方が鄭重に親戚の控室に案内してくれたが、さてだれ一人として見覚えのある方はいない。さてはと思ってご焼香もそこそこにして帰宅してみると、何と日を間違えたとのことであった。

恩師は「要は記憶すべきことは記憶し、忘るべきものは忘れればよいものと思う」と痩せ我慢を言っているが、事実恩師は忘れてはならないことは正確に記憶されていた。私の驚いたことは、儒学の目的は、修養・正名・経綸の三領域に分類されているというのが持論であるが、事、儒学の目的を講演される場合には、何時どこでも一言一句寸分の違いもなく話されるのには全く敬服の外はなかった。大事なことは心に留められておられ、比較的日常茶飯事のことは忘れがちであったと思われる。ここがまた恩師の人を引きつける魅力でもあった。

六、二大名言とその実践

(1) 衆思を集む

恩師のライフワークとしての『大漢和辞典』の事業については既に述べた通りであるが、恩師がかかる大事業を達成されたのも、儒学の研究を中核とした広大深遠な学殖を蓄積されたからであると同時に、多くの方々の衆知衆力を得たに外ならないと思う。恩師自身も、「思へば私は身の不徳にも拘らず、幸いにも多くの知己を得た。私の事業は決して私一箇の事業ではない。蔭に隠れた幾百の人々の力の綜合である」(大漢和辞典序)と述べているが、これも恩師が好んで揮毫された、

集衆思者易為力　衆思を集むる者は力を為し易く、
専己智者難為功　己《おの》が智を専らにする者は功を為し難し。

という宋儒の言葉を実践したからであると思われる。恩師は『大漢和』という偉業と共にこの玩味すべき名言を残している。

(2) 死して朽ちず

恩師の著述としての最終は、孔子・老子・釈迦の『三聖会談』である。孔子と老子は、恩師が深く研究され、『孔子と老子』や『如是我聞孔子伝』などの著述もあるが、仏教についての本格的な研究は行われなかった。ただ、恩師が三十五歳の大正六年（一九一七）の秋に謹書されている『般若心経』が平成三年ころに、突如として京都の書店の目録に掲げられていたので、下田村に連絡して早速に購買していただき、今日諸橋轍次記念館に至宝として展示されている。縦三七、五センチメートル、横二三三センチメートルの大幅の書であるが、この書の経緯については一切不明である。あるいは老衰の父親の健在を念じて書かれたものかも知れないといわれるが、恩師にしてこれを揮毫されているからには仏典に対する知識や関心が早歳よりあったものであろう。ただ儒学の研究のように専攻されていなかったので、晩年を迎えられた恩師は、無常・因果・生死等に関する正確な知識を求め、言わば安心立命の境地に達すべく、仏教に関する多くの研究書を求めて熟読されたのであった。

『三聖会談』の出版されたのは、昭和五十七年九月十日である。これより三か月後の十二月八日に恩師は他界されているから、本書はまさに恩師の最終の著述である。齢百歳に垂《な》んなんとする老儒が、改めて仏教を学んでその真を探求されたことは、ただただ驚きにたえないことである。

思えば恩師は、五歳にして『三字経』（宋の王応麟の著で塾の教科書として用いたもの。「人之初《ハ》、性《ハ》本《ト》善。性《ハ》相近《シ》、習《ハ》相遠《シ》。」というように三字句をならべたものである）の素読を父嵐陰から受けているから、漢学の学びは幼時より行われたものである。爾後百年の生涯を顧みるに、その生涯は学問一筋の連続であった。昌平校の儒官佐藤一斎（一七七二～一八五九）は、

少而学、則壮而有為。　少《わか》くして学べば、則ち壮にして為すあり。
壮而学、則老而不衰。　壮にして学べば、則ち老いて衰へず。
老而学、則死而不朽　老いて学べば、則ち死して朽ちず。（言志晩録）

という名言を述べているが、恩師こそこの名言を実践したものというべきである。ドクターモロハシの名は世界に広まり、『大漢和辞典』は不朽の大著である。

残香補記

一、教職六十年の回顧

本書の後編は、「『大漢和』六十年の苦楽」として執筆したが、私が教育界に身を投じた期間も奇しくも略《ほぼ》六十年である。この六十年の前半は、東京文理科大学副手・助手、東京高等師範学校教諭（附属中学校）・同教授、東京教育大学教授として在職すること三十七年であり、後半は東京成徳短期大学に奉職すること二十二年である。そこでこの教職六十年を回顧し、今まで触れなかったことで最も心に残る思い出を述べてみたいと思う。

(1) 茗校三十七年の思い出

私が東京文理科大学の漢文学科を卒業したのは昭和十二年三月であるが、この年の一月には恩師諸橋轍次博士が宮中の読書始の儀に、『論語』憲問編の「子路問君子」の章をご進講されるという大任を果たされたので、その祝賀会が茗渓会館で開催された。幸いに私ども学生も参加の栄に浴し、来賓各位の祝辞やら、特に諸橋博士の謙虚な謝辞があり、「丁丑春日作」（後に丁丑経筵と改めた）と題する長編の詩が披露された。その詩を中山久四郎先生が朗読されて、感動措く能わざるものがあった。

長郊十里鮮彩霞　長郊十里彩霞（美しい春がすみ）鮮やかなり、
可憐春光入碧紗　憐むべし春光碧紗《へきさ》（緑のカーテン）に入る。
時哉丹鳳啣尺素　時なるかな丹鳳（勅使）尺素（命令書）を啣《ふく》み、
色斯翔集微臣家　色みて（場所を見定める）斯《ここ》に翔《か》け集《いた》る微臣の家。
微臣奉命心匆皇　微臣命を奉じて心匆皇《そうこう》（あわただしい）、
顛倒裳衣歴級惶　裳衣を顛倒して歴級（急いで階段をのぼる）惶《あわただ》し。

（二十句省略）

勿謂城北春獨浅　謂ふ勿かれ城北春獨り浅しと、

諸橋博士書「丁丑春日作」

此日小園梅正妍
更有恵風薫衣袂
馥郁裊娜御香傳

此の日小園梅正に妍《けん》なり。
更に恵風（春風）の衣袂に薫ずる有り、
馥郁《ふくいく》（かんばしい香り）裊娜《じょうだ》（しなやかにまといつく形容）として御香伝ふ

私共が卒業するこの年の初めに、この一大慶事の存したことは、私共の前途に明るい希望を抱かせるものであった。

しかもこの詩は、その年の入学式後、漢文学教室で恩師の訓話があった直後、突然私にこの詩を吟詠せよと命ぜられたのには、びっくりした。私は卒業と同時に漢文学教室の副手を命ぜられ、いわば新任早々のことであったので、緊張そのもので、この詩を吟詠したものであった。漢文学教室の勤務と称しても、さしたる仕事がなかったので、自分の研究に専念することができたのは恵まれたことであった。

前述（前編第五章の一）のように、この年の秋の漢学大会で発表せよと命ぜられたことは少々重荷であったことも記憶に残っている。

越えて翌年四月末から、突然附属中学校に勤めることになったが、三年生と四年生の国語・漢文を担当させられたことは、「教ふるは学ぶの半ばなり」という『礼記』学記編の言葉どころではなく、「教ふるは学ぶのすべてなり」というのが実情であった。

恩師は有難いもので、その翌年であったかと思うが、かねて私の希望であった中国に留学する手続をしてくださった。大東亜建設省からの派遣ということで、昭和十六年四月から二か年留学することが決まった。「中国近代思想の研究」という名目であったが、それには当然中国語が話せなくてはならないと考え、急に中国語の勉強をはじめた。当時使用されはじめた四角号碼《ごうま》を学習したり、研究すべき項目などを考えたり多忙であった。また物資も欠乏しかかった時代であったので、家内は留学中の日用品などを集めるのに苦労した。準備おさおさ怠りなしといった十六年の初めに、時局上、外国留学は一切中止するという通達があり、折角の中国留学の機会を逸したことは、この上もない遺憾なことであった。

そして昭和十六年十二月八日、大東亜戦争が開始され、越えて十八年十一月十二日には臨時召集を受けることになった。その時私の最も深刻な思いをしたことは、一年生以来担任をして来て卒業を目前に控えている附属中学の五年生と別れることであった。さらにまた戦傷死の誤報により多くの方々にご迷惑をかけ、恩師の慟哭や附属中学全校生の黙禱まで受けたことは、その罪万死に価すともいうべきことであった。加えて有史以来の無条件降伏となり、祖国が占領管理下に置かれたことは言語に絶するやる瀬ない思いであった。

それに教育制度や内容も改革され、私共が専攻してきた漢文は、中学校や高等学校では実質上必修科目から外れるという逆境に追い込まれた。漢文はわが国の古典として尊重された主要科目であり、国民の教養として、また東洋文化研究上極めて重要である。そこでこれを復活すべく当時の漢学者及び漢文教育関係者が一団となって当局に陳情したが道は開けず、東奔西走の結果、国会に請願して昭和二十七年二月二十三日、次の如き「東洋精神文化振興に関する決議案」が衆議院本会議において可決された。

戦後東洋の古典に対する学生生徒の関心と理解力が著しく低下して、伝統ある東洋精神文化に対してほとんど盲目的になっている現状である。その結果、学生生徒の教養が偏向して、人間形成の上に一大欠陥をあらわすとともに、東西文化を融合して新文化を打ち立てるべきわが民族の使命達成の上に重大な支障を来たしつつある。かくの如き実情に鑑み、政府はすみやかに東洋精神文化振興のため、適切な教育行政上の措置を講ずべきである。

右決議する。

この決議案の可決によって、高校では漢文は二単位が必修となり、外に選択科目としても漢文が履修され、以後略二十年余に亘って継続された。しかし昭和五十七年度から必修国語四単位の中で、古文と漢文が合わせて古典として一・五単位だけ履修され、漢文の履修は古文と共に著しく縮小されている。

近来、国際化、高度情報化が強調されているが、それにはまず自国の伝統や文化を重んずべきことが叫ばれている。しかし如上の高校の古典教育、漢文学習では、わが国の伝統的言語文化を理解することができるであろうか。

漢文は、言語・思想・文学等、わが国の文化の形成の母体となったものであるから、国民的教養としても大いに尊重しなければならないと思う。近来、思想の偏向や道義心の低下は、わが国の古典としての漢文を軽視していることにも一因があるように思われてならない。

次に東京教育大学在職中、最も遺憾極まることは、学園の紛争が二度も続いたことである。その一つは昭和二十四年の学制改革の際、東京文理科大学、東京高等師範学校、東京農業教育専門学校、東京体育専門学校の四校が合併して、東京教育大学をつくることであった。新大学の主体性や目的・性格、更には校名の問題をめぐり、東京文理科大学と他の三校（特に東京高等師範学校）が対立して激烈なる論争を展開した。東京教育大学という校名になるならば、それには参加しないという東京文理科大学教官連名の脱退声明までが二十四年一月に公表された。その後互いに譲歩することなく、紛争は果てしなく続き国会にまで波及した。校名は一時、政府原案として東京文教大学という案もあったが、五月十八日の衆議院で東京教育大学と修正可決された。

しかしこれでも文理大側は反対を表明して容易に解決しなかったが、結局は「新大学が人文科学および自然科学に関する高度の研究と教育科学の根本的研究とに重点を置き、それによって自ずから視野の広い教養豊かな教育者を養成し得る」という文理大側の主張を容れ、東京教育大学は昭和二十四年度から発足した。

この紛争は、四校間の教官と教官の論争であったが、学生も黙認せず「四校協議会を公開せよ」とか、「新大学設置に学生の意見を加えよ」などの要望があった。しかしその年度に新大学の入学試験も実施され、文理大側でも大勢に従い、東京教育大学は名実共に発足した。ただこの紛争は、一時的にせよ、見解の対立から感情的に尾を引いたことは、甚だ遺憾であった。

その後学園はしばし平穏無事であったが、二十年後にまたまた学園紛争が勃発した。茨城県筑波に広大な学園都市を新設し、そこに東京教育大学をそっくり移転するという大問題に端を発したものである。特に私の所属した文学部においては、教官が賛否両派に分かれて論争したのである。それに移転に反対する学生も呼応して、学内における授業も不可能となってしまった。

この紛争の最中の昭和四十二年（一九六七）四月から、私は学園の補導連絡協議会委員長となり、早朝から深更まで大学に詰め通し、学生との折衝にあたった。私は自分の専攻した春秋学の名分論をふまえ、「教授は教授らしくあれ、学生は学生らしくあれ」と言い、また『論語』の「民、信無くんば立たず」を信条とし、学生諸君に対し「学生の本分である勉学を忘れるな」、「約束したことは信義を守れ」と心を込めて連日の話合いで補導を続けた。評議会や教授会に押しかける学生の前に大手を広げて「話し合いをしよう」と言い合ったことが幾回となく続いた。

この紛争の合間に、私は紛争を続ける学生委員長と二人だけで話合いをする機会をつくった。私なりに諄々と紛争を続けることが意味のないことを語ったが、一言の反論もない。そこでさらに本人の家庭のことに言及すると、「母親が一人ふる里で自分の卒業を一日千秋の思いで待っているが、現在の自分は最早この境地から脱却することができません」と涙ながらに答えて去ったのには、憐憫の情にたえぬものがあった。

しかし、学生の暴行は無制限に続き、収拾することは容易でなかった六月末に、私はさる事情を理由として委員長辞任を申し出て認められた。その後紛争はますます激化し、ついに学内に警官を導入して検問までも行わざるを得ない状態に悪化した。

時が解決すると言おうか、学園全体の総意として移転が決議され、私が定年退官した翌年の昭和五十年から筑波大学が発足した。

思えば、莫大な時間の浪費であり、貴重な学問研究の空白であった。賛否の激論はやむを得ないとしても、多数の学生までが紛争に巻き込まれたことは返すがえすも遺憾であった。この犠牲を償うためにも、筑波大学に期待することは極めて大である。幸いにも広大な校地と近代的設備に恵まれ、創立以来二十数年を経過し、平成十二年度には同大学名誉教授白川英樹氏がノーベル化学賞を受賞されたことは慶賀にたえない。

人間教育を忘れずに、開かれた大学として今後大いに発展することを切望してやまない。茗渓の学灯が、筑波の地に光り輝いてほしいのである。

(2) 教育界の第二のふる里東京成徳学園

昭和四十九年（一九七四）四月、東京教育大学を定年退官した私は、昭和四十年以来非常勤講師を続けた東京成徳短期大学に奉職した。国文科長、学園理事、さらには短大副学長として責任ある地位に立たされたが、学園理事長木内四郎兵衛氏の理解あるご指導のもとに、平成八年三月末まで二十二か年専任として勤務した。専任以前の非常勤講師九か年を加えると実に三十一年も東京成徳学園に奉職した。思えば、東京成徳学園は私にとって教育界の第二のふる里のように思われてならない。

東京成徳短期大学で、特に漢文を三十余年も講義した私に思い出される第一のことは、その講義が実に愉快であったことである。私は、短大における漢文の講義としては『論語』と『唐代の詩』が最も適切であると考え、後者は第一学年の必修とし、前者は第二学年の選択として三十一年、一貫して続けてきた。

三十一年間もの長い間、同一のものを講義するということは、愚直のように思われるが学生に取っては新しい学修であるし、特に私に取っては得るところが大であった。私は中国文学における詩を専攻していなかったが、詩の世界は実に興味深いものであった。幾度読んでも新鮮な感興を覚えた。また、『論語』は唐詩以上に私に与えるものが大きかった。

北宋の大儒程伊川（名は頤《い》。一〇三三〜一一〇七）は、

頤、十七、八より論語を読み、当時すでに文義を暁《さと》る。これを読むことといよいよ久しくして、但だ意味の深長なるを覚ゆ。

と述懐している。すなわち「『論語』は、年が長じて読めば読むほど、その思想の深さがわかってくる」というのである。私自身も率直に言えば、若い時代には、それほど心に感動もせず、

むしろ『孟子』の方に心ひかれることが多かったが、東京成徳短大で『論語』を三十年余も講義してみて、『論語』における孔子の思想が読むに従って理解の深まったことは事実である。それに孔子が高弟顔回の霊を弔って慟哭したところに至っては、恩師が私の霊前で慟哭した師情が思い出されて暗涙に咽ばないことはなかった。学生も『論語』に人間の在り方、生き方を学び、感得することが多かったように思える。

何時の卒業式であったか、卒業生を代表して答辞を読んだ国文科卒業の学生が「本学に入学して『論語』の開巻第一章の『学びて時にこれを習ふ。またよろこばしからずや。………』を学んだ時の新鮮な感動は忘れられない」と読みあげたときは嬉しかった。

『論語』は漢籍古典中の第一位ともいうべきもので、これを本学で読み続けることのできた私は幸いであった。

本学園の在職中で、忘れることのできないことは、学園に隣接する四千余坪の広大な敷地の獲得に少々お役に立ったことである。持ち主は鹿島建設で、一時は本学に売却するとも言われたが、それが中止となって数年が経過した後に高層マンション建築の工事がはじまった。地ならしも終えて、いよいよ本建築に入るという段階で、譲渡を懇請に懇請した結果、鹿島建設は方針を一変して全敷地を本学に譲渡してくれたことは実に有難いことであった。

東京成徳短大の敷地は狭小であり、隣接のこの敷地を求めることが多年の願望であったが、漸くにしてそれが達成されたのである。学園は、近くこの敷地に短大の本館や図書館を建設する企画を立てているが、木内秀俊短大学長は、図書館に掲げる書を私に懇望された。熟考の結果、南宋の大儒朱子（一一三〇～一二〇〇）が、北宋の程伊川以来、学問修養の骨子として重視されて来た「主一無適」の語を継承して好んで説かれているのに鑑み、この四字を謹書してご要望に応えた。

東京成徳短大での授業

「主一無適」とは、「一を主として適《ゆ》く無し」、一つの事に専心して、心を他に向けることがないという意である。本学に学ばれる後進の方々が、この語に接し、図書館における読書の折も、はたまた教室の修学においても、思いをこの四字に致され、日々に向上進歩していただきたいものである。

特に朱子の言葉を選んだのは、本学園の学祖菅澤重雄先生が朱子学者並木栗水（一八二九～一九一四）の高弟であり、校名の「成徳」も朱子学に基づくと考えられるからである。

なおまた付記することは、私が六十年も精根を打ち込んだ

『大漢和辞典』の『修訂版』や『語彙索引』の事業を遂行することができたのは、東京成徳短大在職中のことで、『補巻』の事業もその基礎作業は同学園の在職中に行われた。これらの事業に費やした時間と労力は実に莫大であり、従って学園の本務にも十全を尽くすを得ず、回顧すれば汗顔の至りにたえず、改めて陳謝する次第である。

更に『修訂版』や『語彙索引』の事業の当初に、本学の多数の学生諸姉が、貴重な時間を割愛し、アルバイトとして大事な作業を援助された。思えばこれも、私が本学に奉職しておった学縁によるもので、心から感謝にたえない。

東京成徳学園は、平成五年四年制の大学を千葉県八千代市に開学され、さらにその大学院も開設された。本学園は今や二つの幼稚園、一つの中学校、二つの高等学校及び短大を擁する一大総合学園として発展してきているが、請い願わくはわが教育界の第二のふる里よ、永遠に隆昌発展して有為な人材を養成されんことを切望してやまない。

二、斯文会の思い出

財団法人斯文会は、文京区湯島一丁目四―二五にある湯島聖堂構内にあり、聖堂の管理と儒教の研究及びその普及を目的としている。

私は昭和十二年（一九三七）十月より平成元年まで五十三年間に亘り、本会の研究部委員・評議員・常務理事を勤め、現在は名誉副会長の任にある。本会の盛衰は、漢文学と一体的関係にあるので、本会には出来得る限りの尽力を惜しまなかった。戦前の斯文会は、財政的にも豊かであり、私が委員を依嘱された研究部も極めて活発であった。殆ど各月に行う講演会には、斯界の碩学に依頼して盛会を極めたものであった。その講師の依頼には私も諸橋研究部長の命を受けて多くの大先生にお願いしたものであった。その中でも、加藤虎之亮先生や市村瓚次郎先生、山田準先生などへの交渉は緊張そのものであった。特に加藤先生で思い出されることは、二階の応接間に通されたが虎の皮の敷物に座って挨拶するのは恐懼にたえなかった。また市村先生には、孔子が『春秋』をどのように考えておられるかについて尋ねると、やはり史学家としての見解であろうか、近代史として扱ったものではないかということであった。

山田準先生は、陽明学の大家で、時に二松学舎の校長をされておった。講義が終わって応接間に見えられた先生は、木綿の袴でいかにも素朴な村夫子然たるお姿であった。元来、斯文会は昌平校以来、朱子学に対抗した陽明学を嫌厭し、斯文会でも陽明学者の講演が行われなかった。諸橋先生は何時までも門戸学派の偏見に捕らわれるべきではないと言われ、特に陽明学者の山田先生にお願いされたのであった。

山田先生もこの事情はご存じであったので、最初はご遠慮のご様子であったが、懇請の結果快諾されたのには肩の荷がおりたような思い出があり、斯文会としては画期的な講演であった。

さらに斯文会で私の関係した二大事業について述べることにしたい。

その一つは、巨大な孔子銅像の建設であった。昭和四十九年春に、台北ライオンズクラブの城中分会周宏基会長等数名が来日の機会に湯島聖堂に参拝し、孔子を祭る史跡に感銘し、孔子銅像一基を斯文会に寄贈したいという申し出があった。斯文会は文化庁や亜東関係協会とも連絡してこれを受け納れることになった。

この銅像は、台北の国立師範大学美術系の闕明徳教授が唐の呉道子（?—七九二）の作と伝えられる孔子画像に模して青銅で鋳造されたものである。丈高十五尺、重量二トンという巨大なること世界第一のものであった。この交渉にあたったのは麓保孝常務理事であった。当時は批孔・批林（孔子・林彪に対する痛烈な批判）の最中であり、時局柄問題があったが、文化庁

孔子銅像の前で

の承認を受けてこの孔子銅像を聖堂内に建設することが許可された。直ちに本像建設委員会を組織し、設置費二千万円の寄付を集めることになった。その当時この二千万円を集めることは容易ではなく、宇野精一理事長と各方面に依頼懇請し、会員の援助を受けて漸く目標額に達し、昭和五十年十一月三日の文化の佳節に除幕式を盛大に挙行することができた。ただその日は批孔・批林の影響であろうか、台湾から寄贈の孔子銅像の建設に反対する一派が押しかけて妨害するという不穏な情報が流れ、本富士警察署の警備を煩わすということもあった。

井上靖氏宅での座談会（昭和57年秋）

　あれより二十五年余の歳月が流れる。巍然として聳え立つ銅像の前には、聖堂参拝者は必ず足を留めて礼拝し、その側に立つ麓保孝博士の撰文並びに揮毫の記念碑をも読み、万世の師表たる孔子の威容を仰いでいる。

　次に、昭和六十年（一九八五）は、聖堂復興五十年を迎えたので、四月二十八日に来会者千人以上に及ぶ盛大な孔子祭を行った。続いて午後一時から文豪井上靖氏の記念講演会が東条会館で行われたが、四百余名の聴講者が集まって会場を埋め尽くした。演題は「近頃考えていること」であり、世界の文明の興亡盛衰を説き、近い将来に新しい文明が新しい形で現れるのではないかと予言された。

続いて起こった第二の事業は、聖堂改修の工事であった。

湯島の聖堂は、元禄三年（一六九〇）、五代将軍綱吉によって上野忍が岡から現在の湯島に移され、十一代将軍家斉の寛政九年（一七九七）にこの聖堂に近接して（現在の東京医科歯科大学）、幕府直轄の学校が「学問所」と称して創設された。これがいわゆる昌平校である。越えて寛政十一年にかつてわが国に亡命した朱舜水（一六〇〇～一六八二）が徳川光圀のために製作した孔子廟の模型に基づいて現在地に廟堂を建造した。堂々たる建築で帝都の一大偉観であったが、大正十二年九月一日の関東大地震で焼失した。そこで斯文会は朝野各方面の援助を受けて昭和十年（一九三五）十月に現在の聖堂を復興再建したのである。

ところが、再建以来五十余年を経た聖堂の荒廃は甚だしく、今の中に改修しなければ将来改修が不可能になるという専門家の調査によって、聖堂改修の大事業を計画することになった。幾度か文化庁・大蔵省に陳情の結果、大成殿（一時は外壁のみ、後に内部も全部）と杏壇門等は国費で改修されることになった（国費による改修は平成四年度に竣工完成した）。

しかし講堂を含む付属会館と神農廟は斯文会で負担することになり、その経費が二億四千万円という巨額であった。先年の寄付に続いてこの巨額を集めることは容易なことでなく、私も役員として本会に働くのはこれが最後であると考え、宇野理事長ほか役員と一体となり東奔西走、出来得る限りの縁故を求めて懇請を続けた。偉大なる孔子の徳望の然らしめるところであろうか、個人はもちろん、亜東関係協会を初めとし、銀行・各種団体・私学等、各方面から多額の浄財を仰ぐことができ、平成元年（一九八九）九月、講堂及び神農廟の改修工事を完了することができた。そこで同年十月二十三日、聖堂附属講堂等改修工事竣工披露会を催し、これを機会に同年末に宇野理事長と鎌田常務理事が退任し、石川忠久氏を理事長とする新執行部が誕生した。

なお、この年の五月一日に斯文会会長徳川宗敬殿が九十二歳でご逝去になり、七月二十二日、徳川宗家ご当主徳川恒孝殿を本会会長に推戴することになった。

行事は続くもので、平成二年は湯島聖堂創建三百年を迎えたので、石川理事長を中心とする新執行部が、同年八月末より九月五日まで東急百貨店において、「江戸は日本人が創った」という標語を掲げて「湯島聖堂三〇〇年記念展」を大々的に開催した。

十一月二十五日午後一時からは聖堂で孔子祭を挙行、午後三時から斯文会講堂で、井上靖先生の「負函について」と、台北からはるばる来朝の孔子七十七代嫡孫孔徳成先生の「孔子の生涯と思想」と題する講演が行われた。

この行事に因んで忘れることのできないことは、井上文豪のことである。二十五日の孔子祭の折に、聖堂の入徳門から杏壇門に達する石段を登ることは、一般の人々でも容易ではないが、特に病気療養中の井上文豪にはいかにも辛そうであった。そこで私が、「先生、おんぶさせてください」と申し出たが「大丈夫である」と言われ、倒れんばかりのお姿で一段一段お登りになったお姿が、何ともいいたいたしく見えてならなかった。

これが井上文豪の聖堂に参拝された最後となり、翌平成三年一月二十九日、八十三歳で他界されたのである。

あの労作の『孔子』を最終著述とした大文豪が病を推して聖堂を参拝された折の心境は、どのようなものがあられたであろうか。

ご冥福をお祈りしてやまない。

三、孔子七十七代の嫡孫孔徳懋・孔徳成姉弟の再会

孔子の一家は、王位にこそつかなかったけれども歴代の皇帝に尊崇厚遇されて、中国におけ

る一大貴族として連綿として続いたが、第七十七代の孔徳成（一九二〇〜）の時代に中国を離れて台湾に移るという大悲劇が起こった。

孔徳成といえば、孔家七十六代の衍聖公《えんせいこう》（孔家の継承者が宋の仁宗以来世襲した公爵としての爵号）孔令貽《こうれいい》（一八六二〜一九一九）の長子で、孔徳斉・孔徳懋《こうとくぼう》という二人の姉があった。母は身分の低い側室であったことから、実権を掌握していた陶夫人（正夫人の死後の継室）に虐待され、孔徳成の生後十七日で毒殺されたともいわれる。中国では、「母は子を以て貴し」と言われ、自分の生んだ子が太子となり、あるいは帝位につけば、生母はその母親として特に尊い地位を得たので、陶氏は策を弄して孔徳成の生母を毒殺したともいわれる。実母に死なれた三人の姉弟は、陶夫人の監視のもとに酷しく育てられたが、それだけに三人は互いに力となり、いっそう親密を深めていった。

長姉の孔徳斉は十七歳で結婚したが、家庭的には恵まれずに早世した。また妹の孔徳懋も、『新元史』の著者として有名な史家柯劭忞《かしょうびん》（一八五〇〜一九三〇）の三男柯昌汾《かしょうふん》と結婚して柯謇《かけん》と柯蘭の二人の子に恵まれたが、夫の柯昌汾はそれほどの人物ではなかったという。

妹の孔徳懋が結婚した時には十八歳で、弟の孔徳成は十五歳であった。大姉の孔徳斉の結婚後は、孔徳懋・孔徳成の二人はますます親密さを加えていたが、姉がいよいよ結婚する時には、弟が姉の付添い役までつとめて別れを惜しんだ。また姉の孔徳懋も、朝夕に庇い合って生活を共にして来た弟と別れるのが悲しく、涙ながらに北京へ嫁いでいったという。

姉の結婚式が迫った数日前から弟の孔徳成は食事の量も減り、姉が曲阜《きょくふ》（山東省にある地名。孔家の邸宅や孔廟及び代々の墓がある）を離れた翌日には病気になったと言われるし、新たに孑余《げつよ》（残されたひとりぼっち）という字《あざな》をつけたともいう。遠く離れた姉を慕い、次々と詩を作って姉に送ったと言われるが、姉もまた涙ながらにその詩を読んで、今もなおその詩を忘れないという。

懐二姐

黄昏北望路漫漫
骨肉相離涙不乾
千里雲山烟霧遮
搔首独聴雁声寒

二姐《にそ》（二番目の姉）を懐ふ

黄昏《こうこん》北望すれば路漫漫、
骨肉相離れて涙乾かず。
千里の雲山烟霧に遮《さへぎ》られ、
首を搔きて独り聴く雁声の寒きを。

日暮れに姉の嫁いだ北方（北京）を眺めても、道は遠く隔たり、雲に聳える千里の山々までも霞や霧に蔽われて姿が見えず、寒々とした夜雁の声を聞いて涙を流している孤独の哀愁を歌ったものである。

秋夜書懐
銀壷漏響三更幽
独対明月感旧遊
何当再逢共話夜
晩雁声裏残灯秋

秋の夜に懐ひを書す
銀壷（水時計）漏れ響きて三更（今の午前零時前後）幽《かす》かなり、
独り明月に対して旧遊に感ず。
何《いつ》か当に再び逢ひて共に夜を話るべき、
晩雁声裏残灯の秋。

夜も更けた秋の真夜中に、ただ一人で明月を眺め、何時になったら再会できて淋しいこの夜の話を語ることができるであろうか、とただひたすらに姉との再会を待望している詩である。孤独を悲しむ純情可憐の詩ではあるまいか。されば姉が曲阜の孔府（孔家の自宅）に里帰りした時の孔徳成の喜びは狂わんばかりで姉の側を離れなかったという。

やがて孔徳成も十七歳となって、孫琪芳《そんきほう》と結婚した。結婚式には国民党の要人も多数列席し、党首中華民国総統の蒋介石も列席する予定であったが、その十二月十二日、張学良らに拘留された、いわゆる西安事件のために出席することができなかった。

越えて翌年の一九三七年七月のある夜、孔徳成は重慶の蒋介石から、その夜の中に重慶に来て欲しいとの連絡を受けて、その翌朝に出発した。当時、孫琪芳夫人は妊娠しており、重慶に赴く途中で女児を出産したという。

思うに、孔子から孔徳成に至る七十七代のうちで、第四十八代の孔端友だけが、南宋時代に曲阜を離れて南遷したことがあったが、今や孔徳成が曲阜を離れたということは孔家における重大なことであった。

昭和二十年（一九四五）八月、日本が無条件降伏するや、重慶の孔徳成から無事であることを知らされた孔徳懋は、その冬二人の子を連れて孔徳成に会いに出かけたところ、孔徳成は上海の空港まで出迎えた。久しぶりに会った二人の姉弟は感慨無量、孔徳成は姉を抱いたまま涙に咽んだという。当時孔徳成は南京の琅琊路《ろうやろ》に住んでいたが、公務の外は家に居て姉たちと食事をして楽しんだといわれる。

一九四七年、曲阜を占拠していた八路軍（日中戦争期に、中国共産党の指揮下にあった人民軍隊）が曲阜を撤退したので、孔徳成は一時曲阜に帰って知友との旧交を暖めた。翌一九四八年に文化視察で渡米したが、中国における内戦の情勢が厳しくなり慌《あわ》ただしく帰国して台湾に赴くことになった。

孔徳懋もまた南京に戻って姉弟がここに相別れることになった。

爾来四十余年も経過したが二人は再会することができなくなってしまった（相川勝衛訳『孔家秘話』大修館書店、参照）。

姉の孔徳懋は、この世に一人しかいない肉親の弟に、何としても会うことができないかと、あらゆる手段を講じても名案がなかった。それに弟に幾度となく音信しても一通の返事もなかった。弟は台湾大学の教授となり、あるいは考試院長の要職にあったが、中国と台湾の対立が甚だしく、姉が台湾に出かけることも不可能であり、ましてや弟が曲阜に帰って来ることは全く期待できなくなった。天を仰ぎ地に伏して、自分が死ぬまでに一度でもよいから弟に合わせて欲しいと願ったが、その機会は全く訪れなかった。

しかし人間の真心は終には通じるものである。中国を旅行していたわが国のさる大学教授にそのやる瀬ない心情を訴える機会が到来した。孔徳懋の弟思いの一途な心に動かされたその某教授は、帰国するなり、当時斯文会の常務理事をしていた私に事情を説明して、孔徳懋の悲願を叶えてくれないかと懇請した。私は、中国と台湾との対立関係は理解しているが、それゆえにたった一人の弟に会いたがって死にもの狂いになっている肉親の情愛を断絶させるとは、人道上聞くに忍びないことである。よし、何等かの方法で、その願望を叶えてあげようと心に誓った。

幸いなることには、東京教育大学在学中に中国に憧れて亡命し、当時中国社会科学院の哲学担当の教授をしてわが国とも交流している滕穎《とうえい》女史（旧藤原素子。東京教育大学在学中は私が担任であった）と連絡することができたので、孔徳懋との連絡も緊密に通ずることができた。滕穎女史もでき得る限りの応援をするということで、同氏を介して孔徳懋との連絡が可能になったのである。

爾来、私は中国通や要路の人と会うごとにその実現の方途を相談したが、同情こそすれ、実現の具体策を見出すことはできなかった。考えに考えた揚句、その姉弟のどちらかがわが国に来朝し、あるいは斯文会にお見えになる機会でもあれば、それを幸いとして両人を再会させることが可能ではあるまいか。政治的工作は一切不可能であるから、ハプニング的に両人を再会させる機会が到来して欲しいものであると、ただそれを唯一の頼みとして、その機会の到来を待った。

喜ぶべし、時はついに来たりぬ。平成二年（一九九〇）は湯島聖堂創建三百年に当たり、斯文会ではその三百年祭事業の一つとして、孔徳成の記念講演会を十一月二十五日に斯文会館で行うことを計画した。幸いにも孔徳成が快諾されたので、好機到来と考え、早速中国の滕穎女史に連絡し、両人再会の具体策を計画した。

やがて、孔徳成一行の来日の日程も明らかとなり、その宿泊は九段下のグランドパレスと決定したので、孔徳懋もこれに合わせて日程を立てた。

孔徳成は、斯文会講演の前日の十一月二十四日午前、足利学校でも講演を行うことになっており、予定通り前夜グランドパレスに宿泊した。姉の孔徳懋も同じホテルに宿泊したが、孔徳成の随行者に妨げられてか、同ホテルではついぞ再会することができなかった。孔徳成は足利学校に赴いたが、さる事情から、ただ一礼しただけで講演することもなく、その足で千葉県の麗沢大学に出かけ、午後から講演することとなった。

孔徳懋と息子の柯騫《かけん》は、滕穎女史及び私の門弟の金子泰三君に案内されて孔徳成のあとを追って麗沢大学に赴き、講演開始前の午後一時十分に受付の許可も請わずに孔徳成の休息している応接室に直ちに入り、ついに姉と弟の再会が実現した。居並ぶ人々がびっくりする中で、二人は言葉を発することもなく、両人抱き合って涙と涙の対面であったという。

姉孔徳懋と弟孔徳成の再会

講演が終わってからも、校庭で五分ほどの語り合いが許され、再会を約して別れたという。

私は事の成功を期待して、グランドパレスで一行の帰りを待ちわびた。予定の時刻より遅いので、事の成否に不安を感じておったが、夕刻に及んで一行は元気でホテルに到着した。孔徳懋は到着するなり私の手を握って多謝多謝の連発であり、息子の柯菁氏は土下座して私に感謝した。それから孔徳懋を囲んで楽しい夕食に話ははずんだ。

思えば一九四八年、姉弟が南京で別れてから四十二年ぶりの再会であり、孔徳懋の願いがついに達成されたのであった。肉親の絆《きずな》は強いものである。いかなる国家権力をもってするもこれを断絶することはできなかったのではあるまいか。

左より斯文会理事長石川忠久氏、本人、孔徳懋女史、柯菁氏、(平成11年11月11日 於斯文会)

その翌日は斯文会で孔子の祭典を挙行した後に行われる孔徳成の講演会に孔徳懋も出席する予定であったが、多くの人々にご迷惑をかけてはと遠慮されて、翌朝の航空便で帰国されてしまった。

孔徳懋女史は人情篤実、その後機会あるごとに音信を頂いているが、平成五年(一九九三)

五月十九日には、孔徳成から「風雨一杯酒、江山万里心」（嵐の吹きまくる激動の時代に、一杯の酒を酌み交わしてお別れしましたが、江山に隔てられて千里も遠い他郷に離れている私の心は、懐かしい姉上たちを思う心で胸が一杯であります）と揮毫した字幅（掛け軸の書）を送られて驚喜感涙に咽び、「弟と一緒に曲阜に帰り、花を供えて祖先の墓参りをしたいものであると念願している」と述べている（『走向世界』一九九三、九）という音信をいただいた。

また平成七年（一九九五）の九月十一日から二十二日まで孔徳懋は台湾に赴き、九月十三日には弟夫妻のお宅に一泊し、中秋の名月を心ゆくまで眺めたという音信にも接した。両人は最早、時の政権に抑制されることなく公然と交際し旧交を暖めることができるようになった。

私の願うことは、孔徳成先生が過去の一切の政治的関係を切り捨てて、ふる里曲阜に帰られ遠祖孔子の墓前で人憚ることなく姉上と再会して欲しいということである。

私も儒学を学ぶこと多年、『論語』の講義を幾十回となく続けてきたし、孔夫子の経綸の大志を託したという春秋学の研究にも従事し、その修己治人の教えは万世不滅であると確信している。恐れながら他日もしも泉下で孔夫子にお会いできることがあれば、七十七代嫡孫の姉弟再会のお話ができるのではないかと考えている。身分不相応の望みであるが、要は孔夫子の学徳に対する報恩と、日中両国の親善を請い願うに外ならないのである。

鎌田　正　年譜

明治四四年（一九一一）　一月七日　農業渡部孫次郎・同ソヨの六男として福島県相馬郡飯豊村（現相馬市）馬場野岩崎二十六番地に生まれる。

大正　六年（一九一七）　四月一日　飯豊尋常高等小学校入学。

大正一四年（一九二五）　三月二五日　右高等小学校卒業。▽四月一日　福島県立相馬中学校入学。

昭和　五年（一九三〇）　三月九日　右卒業。

昭和　六年（一九三一）　四月　東京高等師範学校文科二部入学。

昭和　九年（一九三四）　四月　右第三学年修了にて東京文理科大学漢文学科入学。▽五月六日　女医鎌田ヒロの養嗣子となり鎌田と改姓。▽六月二六日　医師鎌田晋参女テイと結婚。

昭和一二年（一九三七）　三月一五日　東京文理科大学卒業。▽三月三一日　東京文理科大学副手、漢文学教室勤務。▽六月二三日　東京文理科大学助手、漢文学教室勤務。▽七月二三日　陸軍教授嘱託、陸軍予科士官学校勤務（翌年七月末まで）。▽一〇月一三日　財団法人斯文会委員（研究部）。

昭和一三年（一九三八）　四月三〇日　東京高等師範学校助教諭、附属中学校勤務。▽一二月二九日　母永眠す。享年六二歳。

昭和一四年（一九三九）　二月二五日　満洲国・中華民国に出張。▽三月二〇日『唐詩選通解』（共著）宝文館　▽四月一日『大漢和辞典』編纂協力開始。

昭和一六年（一九四一） 五月二九日 東京高等師範学校教諭。

昭和一七年（一九四二） 五月二日 傷痍軍人中等学校教員養成所講師嘱託（軍事保護院）。

昭和一八年（一九四三） 一一月一二日 臨時召集により戦車第二聯隊に応召。千葉県津田沼の部隊に入営。▽一一月二六日 戦車第三師団速射砲隊第一中隊編入（蒙疆平地泉駐屯）。

昭和一九年（一九四四） 四月一六日 一等兵。▽七月一四日 河南省臨汝県大悲寺付近の戦闘にて受傷。▽七月二九日 襄城野戦病院に入院。▽八月六日 許昌兵站病院に転送。▽一一月二一日 北京第二陸軍病院へ転送。

昭和二〇年（一九四五） 一月一八日 奉天陸軍病院へ転送。▽一月三一日 臨時福岡第二陸軍病院へ転入。▽二月二五日の空襲により出版社大修館書店全焼し、『大漢和辞典』の整版及び資料を全焼。▽六月三〇日 依病召集解除（公務起因）。▽一〇月五日 東京高等師範学校教授兼教諭。

昭和二一年（一九四六） 一月 諸橋先生のご委嘱を受け、疎開せる校正刷りにより、『大漢和辞典』の原稿の整理・修正に着手す。

昭和二五年（一九五〇） 六月三〇日 東京教育大学助教授（文学部）。

昭和二九年（一九五四） 四月一日 大学院文学研究科担当、以後継続。

昭和三二年（一九五七） 一〇月一日 東京教育大学教授（文学部）。

昭和三四年（一九五九） 七月六日 父永眠す。享年八十六歳。

昭和三五年（一九六〇） 三月二日 『図書寮典籍解題漢籍篇』（共編）宮内庁書陵部 ▽五月二五日 多年協力の『大漢和辞典』全十三巻刊行終わる。

昭和三六年（一九六一）　一二月一五日　東京教育大学東京文理科大学より文学博士の学位授与。論文「左伝の成立と其の展開」

昭和三八年（一九六三）　二月二〇日『新漢和辞典』（共著）大修館書店　▽三月三一日『左伝の成立と其の展開』大修館書店　▽九月一五日『中国古典新書春秋左氏伝』明徳出版社

昭和四一年（一九六六）　七月二五日　財団法人斯文会理事。

昭和四二年（一九六七）　四月五日　東京教育大学補導連絡協議会委員長（六月二八日辞任）

昭和四三年（一九六八）　四月　財団法人斯文会にて毎日曜日『春秋左氏伝』講義開始（以後二か年継続）。▽四月二七日　文部省教育課程審議会専門調査員（四四年四月二六日まで）。

昭和四四年（一九六九）　一月　全国漢字漢文教育研究会副会長（以後十年余在任）。▽四月一日　日本中国学会評議員（四五年三月三一日まで）。▽五月一日　文部省教育課程審議会専門調査員（四五年四月三〇日まで）。▽七月二五日　財団法人斯文会常務理事（平成元年一一月二七日まで）。

昭和四五年（一九七〇）　四月一日　東京教育大学附属中学校校長併任（四八年三月三一日まで）。東京教育大学附属学校運営委員会委員長（四八年三月三一日まで）。

昭和四六年（一九七一）　一〇月二五日『新釈漢文体系春秋左氏伝1・2・3・4』明治書院（五六年一〇月完結）

昭和四七年（一九七二）　二月三日『漢文教育の理論と指導』（編）大修館書店

昭和四九年（一九七四）　四月一日　東京教育大学定年退職。東京成徳短期大学国文科長。東洋学術研究所長。『大漢和辞典』の修訂作業開始。▽四月二一日　東京教育大学名誉教授。

昭和五〇年（一九七五）八月一日　財団法人東方学会評議員（昭和六二年まで）。
昭和五一年（一九七六）五月二九日　東京成徳学園理事。
昭和五二年（一九七七）八月一〇日『論語と孟子』（学灯文庫）▽九月二〇日『諸橋轍次著作集』全十巻、米山寅太郎氏と協力編集刊行終了。
昭和五五年（一九八〇）四月一日　東京成徳短期大学副学長。▽六月二五日『漢詩名句辞典』（共著）大修館書店
昭和五六年（一九八一）五月二二日　静嘉堂文庫評議員。▽一一月三日『広漢和辞典　四冊』（共著）大修館書店（五七年一〇月完結）
昭和五七年（一九八二）九月二〇日　養母永眠す。享年八十四歳。▽一二月八日　恩師諸橋轍次博士薨去。
昭和五八年（一九八三）一一月三日　勲三等旭日中綬章下賜。
昭和五九年（一九八四）四月一日『漢文名作選　五冊』（監修）大修館書店（八月完結）▽四月八日　内閣総理大臣主催の新宿御苑観桜会に招待さる。▽八月一九日　中国政府教育部を訪問し、大修館書店より委嘱の『大漢和辞典　修訂版』を贈呈。
昭和六一年（一九八六）四月二〇日　米山寅太郎氏と協力の『大漢和辞典　修訂版』刊行完了。▽七月三一日　曲阜の孔府・孔子廟・孔林に参拜。
昭和六二年（一九八七）四月一日『漢語林』（共著）大修館書店
昭和六三年（一九八八）一〇月一〇日『故事成語名言大辞典』（共著）大修館書店
平成　元年（一九八九）一一月二七日　財団法人斯文会名誉副会長。▽一一月二九日　多年に亘る学術・教育上の功績により県外在住功労者として福島県知事の表彰を受く。

平成　二年（一九九〇）　四月二二日　財団法人斯文会孔子祭に於いて『論語』子罕篇「子謂顔淵」章を講経。▽四月二四日「諸橋博士漢学の里」計画審議会顧問（新潟県南蒲原郡下田村）。▽四月　財団法人斯文会にて「論語の講義」（毎月二回、以後二か年）。▽一〇月二五日短期大学四十周年記念式典に短期大学教育功労者として文部大臣の表彰を受く。▽一一月三日『大漢和辞典　語彙索引』の編著により物集索引賞受賞。

平成　三年（一九九一）　一月七日　門弟諸氏による『鎌田正博士八十寿記念漢文学論集』刊行。▽一月一〇日　宮中歌会始の儀に陪聴仰せつけらる。

平成　四年（一九九二）　四月二五日『**大漢語林**』（共著）大修館書店　▽四月二〇日『**研究資料漢文学　全一一巻**』明治書院（監修七年五月完結）▽一一月一日『諸橋轍次博士の生涯』監修。

平成　七年（一九九五）　九月一日『漢文名言辞典』（共著）大修館書店

平成　八年（一九九六）　三月三一日　東京成徳短期大学退職。▽四月一日　東京成徳短期大学名誉教授。

平成　九年（一九九七）　五月一七日　日本弘道会評議員。

平成一一年（一九九九）　九月一二日『漢文名作選第二集　六冊』（監修）大修館書店

平成一二年（二〇〇〇）　四月一〇日『**大漢和辞典　補巻**』（共編）大修館書店　▽五月三〇日　日本弘道会理事。

平成一三年（二〇〇一）　四月一日『漢語新辞典』（共著）大修館書店　▽『**大漢和辞典と我が九十年**』大修館書店

大漢和辞典《だいかんわじてん》と我《わ》が九十年《きゅうじゅうねん》

NDC289/xii, 322P/20cm

初版第一刷――二〇〇一年四月二〇日
第二刷――二〇〇八年九月一日

著者――鎌田《かまた》 正《ただし》
発行者――鈴木一行
発行所――株式会社大修館書店
〒一〇一―八四六六 東京都千代田区神田錦町三―二四
電話 03-3295-6231（販売部）03-3294-2353（編集部）
振替 00190-7-40504
［出版情報］http://www.taishukan.co.jp

装丁者――井之上聖子
印刷・製本――図書印刷
用紙――王子製紙・日本紙パルプ商事・サンオーク

ISBN978-4-469-23214-1 Printed in Japan